Paul Klee
Die Lebensgeschichte

Christiane Weidemann

Paul Klee

Die Lebensgeschichte

PRESTEL
München · London · New York

Für Helene

Inhalt

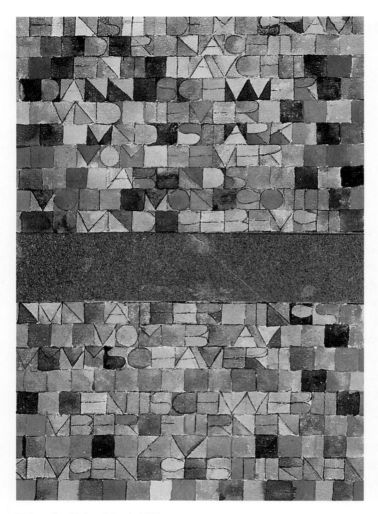

Maler oder Dichter? In ein Bild aus verschiedenfarbigen Quadraten malt Paul ein
Gedicht hinein. Silberpapier trennt die
erste Strophe von der zweiten:
»Einst dem Grau der Nacht enttaucht ...«

Glücksklee

Wer die Wahl hat, hat die Qual! Paul muss sich entscheiden.

Der kleine Paul liegt im Bett und kann nicht schlafen. Er liebt die Stimme seiner Mutter, die gedämpft aus dem Nachbarraum ins Kinderzimmer dringt. Ida, so heißt Pauls Mutter, ist ausgebildete Sängerin. Jeden Abend musiziert sie gemeinsam mit seinem Vater Hans, der am Bernischen Lehrerseminar Musik unterrichtet und insgesamt sieben Instrumente spielen kann! Das möchte Paul auch mal können.

Er lauscht noch einmal, ob die Musik der Eltern noch zu hören ist, schlägt dann die Federdecke zurück und knipst die Nachttischlampe an. Kopfüber hangelt er sich aus dem Bett und zieht langsam einen großen, schweren Koffer darunter hervor. Vorsichtig klappt er den Deckel hoch.

Paul kann sich fast im Holz spiegeln, so glatt und glänzend ist der Geigenkörper. Er hockt sich auf die Bettkante und nimmt die Geige auf den Schoß. Sein Herz klopft schnell und laut. Er setzt den Bogen an, die Melodie hat er ganz genau im Kopf. Dann schließt er die Augen und bunte Lichter erscheinen, tanzen vor seinem Gesicht, verwandeln sich in Sterne, Blumen, Fantasiewesen! Paul wird ganz warm ums Herz, seine Beine fangen an zu kribbeln, in seinem Kopf beginnt es zu rauschen. Immer gekonnter wird das Geigenspiel. Paul ist, als würden ihm Flügel wachsen, als würde er aus dem Zimmer durchs offene Fenster hinaus in die Sternennacht schweben …

»Paul!« Die Stimme seiner Mutter reißt ihn aus den Träumen. »Was machst du denn da am Fenster?«

Paul blickt an sich herab, wundert sich, dass er einen Schlafanzug trägt und – wo ist denn seine Geige?

»Es ist längst Zeit zu schlafen, in ein paar Stunden beginnt schon die Schule! Und du weißt doch, morgen ist ein ganz besonderer Tag. Komm, leg dich wieder hin.«

Ida fasst Paul an den Schultern, führt ihn zu seinem Bett und deckt ihn zu.

»Mama«, murmelt Paul noch, bevor ihm die Augen zufallen, »Mama, zum Geburtstag wünsche ich mir eine Geige.«

Am nächsten Vormittag sitzt Paul noch etwas müde von seinem nächtlichen Fantasieausflug in der Schule. Heimatkunde. Paul langweilt sich. Fräulein Mäder erzählt irgendwas von der Flora und Fauna, die sie bei ihrem letzten Ausflug ins Berner Oberland erkundet haben. Der Ausflug hat Paul gefallen. Zusammen mit den anderen Schülern war er fröhlich über Stock und Stein gekraxelt, immer auf der Suche nach besonderen Pflanzen. Und in den Tälern der Berner Alpen wachsen tolle

»Mama, zum Geburtstag wünsche ich mir eine Geige.«

Pflanzen! Sogar Orchideen haben sie gesehen. Tausende verschiedene Arten dieser Pflanzenfamilie gibt es, hat das Fräulein Mäder erklärt, und jedes Jahr werden neue entdeckt. Das hat Pauls Ehrgeiz angestachelt, unbedingt wollte er eine neue Art entdecken! Stattdessen ist er dann auf etwas anderes, ganz Unscheinbares gestoßen, das ihn jedoch umso mehr fasziniert hat …

Paul greift nach seinem Zeichenstift. Seine Stifte haben alle Namen. Dieser heißt Mathi, wie seine fast vier Jahre ältere Schwester Mathilde. Er hält Mathi in der linken Hand, seiner Zeichenhand. Die rechte gebraucht er fast ausschließlich zum Schreiben. Pauls Hand holt aus, schlägt einen Bogen, und noch einen, und führt die Linie wieder am Anfangspunkt zusammen. Pauls Hand schlägt weitere Bogen, aus denen Herzformen werden, zeichnet vier aneinanderliegende Blätter. Genau so hat er das Kleeblatt in Erinnerung. Glücksklee. Jeden Tag kann er sich das Blatt anschauen. Er hat es damals gepflückt, behutsam in sein Schreibheft gelegt, im Rucksack mit nach Hause getragen und dann gepresst. Nun liegt es fein säuberlich in einem Glasgefäß in seinem Regal.

Pauls Vater meint, wenn man ein vierblättriges Kleebatt findet, kann man sich etwas wünschen. Das hat sich Paul nicht zweimal sagen lassen.

Die erste Geige spielen

»Er ist da!« Als Paul von der Schule nach Hause kommt, in die Länggasse in Bern, sieht er gerade noch den Kopf seiner Schwester durch den Türschlitz verschwinden.

»Dä Päuli hät Geburtstag,
chömed singäd ali mit,
wünsched Gsundheit und vil Glück!«

Ida, Hans und Mathilde schmettern vor einem köstlich aussehenden Kuchen mit einer großen Sieben aus Sahnetupfen Pauls Geburtstagsständchen, auf Schweizerdeutsch. Hmm, die ganze Wohnung duftet nach Zimt und Apfel! Aus den Augenwinkeln sucht Paul die Küche heimlich nach seinem Geschenk ab. Eigentlich dürfte es ja nicht zu übersehen sein! Wo ist es nur?

»Unser Päuli fragt sich bestimmt, ob er gar kein Geschenk bekommt!« Der Vater, eine große, stattliche Erscheinung mit üppigem Bart, hat ihn genau beobachtet – und mal wieder durchschaut. »Nun, dann wollen wir ihn mal nicht länger auf die Folter spannen.« Er greift nach einem großen Umschlag und übergibt ihn seinem Sohn, den Mund zu einem leicht spöttischen Grinsen verzogen.

Paul ist ganz verunsichert durch den Blick des Vaters. Und dann der Umschlag – was soll das bedeuten?! Er hatte sich doch so sehr ... und nichts anderes gewünscht! Paul versucht, sich seine Enttäuschung nicht anmerken zu lassen. Tapfer öffnet er den Umschlag, zieht eine Karte hervor, liest:

GUTSCHEIN FÜR PÄULI

Er klappt die Karte auf, und unzählige bunte Papiernoten rieseln wie Konfetti auf den Boden. Paul liest weiter. Schließlich strahlt er über das ganze Gesicht – Geigenunterricht! Bei Konzertmeister Jahn! Der Tag ist gerettet.

Musiker oder Maler?

Viele Geburtstage sind seither vergangen. Paul hatte nicht einmal drei Jahre Geigenunterricht, da wurde er bereits außerordentliches Orchestermitglied der Bernischen Musikgesellschaft. Bach und Mozart sind längst kein Problem mehr, in öffentlichen Konzerten spielt er auch Brahms. Virtuos führt Paul den Bogen und

> **Virtuos führt Paul den Bogen und blickt melancholisch in die Ferne. »Ein Wunderkind«, hört man es im Publikum raunen.**

blickt melancholisch in die Ferne. »Ein Wunderkind«, hört man es im Publikum raunen. Hans Klee streckt seine Brust heraus und wird in seinem Sitz noch ein Stückchen größer, während Ida stolz ihr Kleid glatt streicht.

Konzert auf dem Zweig

Der Musikautomat im Deutschen Museum in München hat es Paul angetan: ausgestopfte Vögel, die nach dem Aufziehen die Schnäbel aufreißen, singen und flattern – das muss er einfach festhalten!

Inzwischen geht Paul aufs Literaturgymnasium. Die Schulstunden bieten nach wie vor den schönsten Anlass zu allerlei zeichnerischen Abschweifungen. Davon zeugen auch seine Schulhefte: eine Seite mathematische Lösungen, zwei Seiten Zeichnungen von der Berner Umgebung und dem heiteren Lauf der Aare; eine Seite deutsche Grammatik, zwei Doppelseiten mit schrägen Porträts seiner Lehrerin; zwei Seiten griechische Vokabeln, gefolgt von zahlreichen Fantasiebildern mit Madonnen, Magdalenen und Räubern.

Standen in seinem ersten Zeugnis noch lauter Einser – von Paul eigenhändig mit Ausrufezeichen versehen – geht es nun rapide bergab. Im Sommer 1898 haben seine Schulleistungen den

Beim Zeichnen kann Paul wahre Leidenschaft entwickeln, jegliches Zeitgefühl geht ihm dabei abhanden!

absoluten Tiefpunkt erreicht. Die Klassenfahrt ist daraufhin natürlich gestrichen. Paul findet das gar nicht so schlimm. Einzelgänger, der er ist, macht Paul seine eigene kleine Reise, ohne Schulbücher, sondern mit Skizzenbuch und Lupus, Chrüttli, Nero, Robert dem Teufel und wie seine Zeichenstifte alle heißen im Gepäck.

Beim Zeichnen kann Paul wahre Leidenschaft entwickeln, jegliches Zeitgefühl geht ihm dabei abhanden! Vor allem in der Natur. Stundenlang dreht, wendet und betrachtet er die gefundene Muschel von allen Seiten, um sie dann mit größter Sorgfalt aufs Papier zu bringen. Nicht schlecht, das Ergebnis. Das findet auch Ida, die jedes einzelne Werk ihres Sohnes aufhebt und ihn überhaupt in all seinen Interessen und Neigungen bestärkt. Vielleicht auch deshalb, weil ihr selbst eine Karriere als Sängerin versagt

geblieben ist? Schließlich hat sie sich für Familie und Kinder ent-
schieden. Und aus denen soll einmal etwas werden.

Die Matura schafft Paul trotz seines, nun ja, mäßigen schuli-
schen Fleißes. Mit sagenhaften vier Punkten über dem Minimum.
Paul sieht das mit Humor. Das absolute Minimum zu treffen ist ja
auch ein nicht ganz ungefährliches Kunststück.

Viel schwerer wiegt eine andere Frage: Was nun? Das Geigenspiel erfüllt ihn, er liebt die Musik, aber daraus einen Beruf
machen? Ob das zum Erfolg führt? Was auf diesem Gebiet schon
alles geleistet wurde! Das ist wohl kaum zu überbieten. Und so
herausragend ist sein Spiel nun auch wieder nicht, findet Paul.

Soll es also doch die bildende Kunst sein? Bilder erfinden wie
Mozart Musikstücke? Auch die Aussicht auf ein Studium in der
Ferne lässt Pauls Augen glänzen. Schließlich geht ihm seine
schweizerische Heimatstadt, dieses verschlafene Nest, schon lange
auf die Nerven. Ein Studium an der Akademie der Bildenden
Künste in München – das klingt schon sehr verlockend.

**Studentische Zeiten:
Paul in München, 1911**

Sturm und Drang

Hinaus in die weite Welt zum Studieren! Paul zeichnet, was das Zeug hält.

Nun also München: eine Weltstadt im Gegensatz zu Bern! In der pulsierenden Kunstmetropole blüht derzeit der Jugendstil, diese neue Kunstströmung mit ihren dekorativ geschwungenen Linien und blumigen Ornamenten. Zu den Malerfürsten gehört Franz von Stuck, der mit der Begründung der Künstlervereinigung »Münchner Secession« dem neuen Jugendstil den Weg gebahnt hatte.

Paul wohnt vorübergehend bei Bekannten seiner Eltern, bis er ein schönes Zimmer findet. Bei einer Arztwitwe, in der Amalienstraße 24 im Stadtteil Schwabing, erster Stock links. Ohne viel davon zu wissen, hat Paul in Schwabing viele künstlerische und lebenskünstlerische Nachbarn: den Schriftsteller und Kabarettisten Frank Wedekind, der mit seinen antibürgerlichen Werken für Aufregung sorgt, den prophetischen Dichter Stefan George und den Schriftsteller Thomas Mann. Man trifft sich im Café Größenwahn, eines der wenigen Lokale, in denen man bis in die frühen Morgenstunden zusammenhocken kann. Hier diskutieren der Dichter Joachim Ringelnatz, der Anarchist Erich Mühsam und der Revolutionär Ernst Toller, als ginge es um ihr Leben.

Von der Amalienstraße hat es Paul nicht mehr weit bis zur Kunstakademie. Sein erster Besuch bei Direktor Löfftz ist allerdings eine große Enttäuschung: Pauls Zeichnungen sind nicht gut genug. Er brauche Übung, viel, viel Übung, meint Löfftz und empfiehlt ihm Privatunterricht zur Vorbereitung auf die Akademie.

Paul ist neunzehn Jahre alt, als er in Knirrs private Kunstschule eintritt. Heinrich Knirr versucht seinen Schülern das Zeichnen nach dem Modell schmackhaft zu machen. Eine üppige Frau mit riesigen Brüsten sitzt in der Mitte des Zeichensaals und wartet geduldig auf Verewigung. Paul spitzt den Bleistift. Seine Begeisterung hält sich in wohlbemessenen Grenzen. Knirrs Reaktion auf Pauls Werk ebenso: »Da sag i einstweilen gor nix.«

Es ist aber auch verdammt schwer, das Aktzeichnen! Paul ist manchmal nahe daran zu verzweifeln. Warum wollen die verfluchten Linien einfach nicht stimmen und was sind das bloß für Proportionen, die nicht im Entferntesten an ein menschliches Wesen erinnern? Der reinste Pfusch. Doch er tröstet sich, bei den meisten anderen sieht das Ergebnis auch nicht viel besser aus. Und schließlich haben alle ein klares Ziel vor Augen: Akademieschüler werden bei Meister Stuck.

> Es ist aber auch verdammt schwer, das Aktzeichnen! Paul ist manchmal nahe daran zu verzweifeln.

Was Besseres gibt es nicht! Bis dahin gilt es noch allerhand zu lernen: Figürliches, Landschaften, Zeichnen, Malen in Öl, Aquarell und Pastell, Radieren …

Im Atelier sitzt Paul neben seinem alten Berner Schulfreund Hermann Haller, den er in München wiedergetroffen hat. »Skizzieren Sie nur frisch drauf los, einen Akt um den andern«, rät Knirr. So schaffen die beiden Schüler Seite an Seite Akt um Akt, Kopf um Kopf. Je länger Paul dabei ist, desto größer wird seine

Freude an der Arbeit. Und schließlich erntet er sogar Lob von Knirr, der ihm versichert, dass er in nicht allzu ferner Zukunft »scheene Sachen« machen werde.

Dabei hat Paul neben der Zeichnerei noch allerhand anderes im Kopf. Das freie Leben gefällt ihm nämlich außerordentlich gut! Die bunte internationale Künstlergemeinschaft bietet vielfältige Anregungen, ganz zu schweigen von Ausstellungsbesuchen, Theater, Oper und Konzerten – welch ungeahnte Genüsse! Heute »Don Giovanni« von Pauls geliebtem Mozart, morgen Wagners »Meistersinger«, übermorgen »Tristan und Isolde«. Zum ersten Mal in seinem Leben sieht er Vorstellungen, in denen es keine falschen Töne gibt, keine Unstimmigkeiten zwischen Sängern und Orchester und keine lächerlichen Dekorationen.

Die Abendstunden verbringt Paul im Biergarten und trinkt genüsslich ein gutes bayerisches Bier. Und bestellt eine weitere Mass – schließlich muss man sein Leben genießen! Für Heimweh bleibt da keine Zeit, und wenn es sich in der besonders gefährlichen Dämmerstunde doch heimlich heranschleichen will, findet Paul immer irgendeine Beschäftigung. Er liest Werke von Dostojewski und Gottfried Keller und vergisst dabei alles andere um sich herum. Eine besondere Vorliebe hat Paul für römische und griechische Klassiker, die studiert er im Original. Oder er schreibt Gedichte und begeisterte Briefe an seine Eltern, in denen er den Verlauf von Musikvorstellungen und Theateraufführungen minutiös wiedergibt.

Überhaupt ist Paul überzeugt, dass er möglichst viele Erfahrungen machen muss, um sich künstlerisch ausdrücken zu können. Dazu gehören natürlich auch Erfahrungen mit Frauen. Zeit, dass auch auf diesem Gebiet endlich etwas passiert! Seine bisherigen Annäherungsversuche an das weibliche Geschlecht waren nämlich nicht gerade von Erfolg gekrönt. Paul legt sogar ein Register an mit den Namen all der Geliebten, die er nie besessen

In das satte Blau des Meeres malt Paul
mit hell leuchtenden Linien sein »Aben-
teuerschiff«, das er wie mit einem Rönt-
genblick bis ins Innere durchleuchtet.

hat. Von Zeit zu Zeit liegt es unter seinem Kopfkissen, wie ein schlechtes Gewissen, das ihn an das ungelöste sexuelle Mysterium erinnert.

Als er schließlich im Münchner Kindl-Keller Tini kennenlernt, wird sie prompt schwanger. Paul weiß sich nicht anders zu helfen und versucht sich freizukaufen. Ein Kind kann er nun wirklich nicht gebrauchen! Doch das Neugeborene ist schwach. Das Schicksal will es, dass der kleine Junge nicht überlebt. Paul stürzt sich daraufhin in ein neues Abenteuer mit dem Aktmodell Cenzi, das er jedoch kurze Zeit später auch schon wieder bereut.

Im April 1900 ist es dann soweit: Paul wandert mit zwei Mappen voller Skizzen, Studien und Kompositionen und einer Empfehlung von Heinrich Knirr zu Meister Stuck und – juchhu! – wird angenommen. Zu Anfang des dritten Studienjahres wechselt er an die Akademie.

Vorbei ist es mit der Gemütlichkeit: Nicht einen Fehler lässt der betagte Professor seinen Schülern durchgehen! Die Korrektur ist streng, aber geistreich und immer gut gemeint. Paul ist ernsthaft bei der Sache und zeichnet wie verrückt; unter seiner Staffelei

Vorbei ist es mit der Gemütlichkeit: Nicht einen Fehler lässt der betagte Professor seinen Schülern durchgehen!

sieht es aus, als wäre ein Tischler am Werk gewesen! Von Zeit zu Zeit gönnt er sich Erholung bei Knirr, wo es ungezwungener zugeht und er ohne Tadel auch mal seine humorvollen Karikaturen zeichnen kann.

Mit der Farbe steht Paul immer noch auf Kriegsfuß. Und so langsam ermüdet ihn das Zeichnen nach Vorbildern. Sicher, es ist eine gute Schule – aber wo bleibt da die Inspiration? Auf Empfehlung Stucks unternimmt er einen kleinen Ausflug in die Bildhauerei, aber auch das bringt ihn nicht weiter. Dabei will er doch nichts mehr, als endlich ein richtiger Künstler werden!

Lily und wieder Lily

Neben Malversuchen und der ganzen Zeichnerei hat Paul auch die Musik nicht vergessen, seine »verhexte Geliebte«. Manchmal fragt er sich, ob sie nicht doch seine wahre Berufung sei? Unschätzbare Stunden der Erholung und Inspiration bieten die abendlichen Kammerkonzerte zu Hause bei Eleonore Fischer. Sie

Am liebsten sind Paul jedoch die Abende, an denen Lily und er zu zweit musizieren.

beginnen in der Regel um sechs Uhr, nach zwei Stunden gibt es ein gemeinsames Abendessen, und ab neun geht es weiter mit Musik, oft bis spät in die Nacht hinein.

Seit neuestem haben die Musikabende einen ganz besonderen Reiz: das Zusammentreffen mit der drei Jahre älteren Pianistin Lily Stumpf, eigentlich Caroline Sophie Elisabeth – eine großartige Partnerin, das gemeinsame Bach- und Mozartspielen gelingt meisterhaft! Und überhaupt fühlt sich Paul mit der temperamentvollen Lily an seiner Seite höchst behaglich.

Lily hat am Stern'schen Konservatorium in Berlin studiert. Ihr Vater, Medizinalrat Dr. Ludwig Stumpf, lädt ebenfalls gelegentlich zu privater Hausmusik ein. Erst gestern haben sie gemeinsam musiziert, ein B-Dur-Trio von Mozart, ein c-Moll-Trio von Beethoven und ein Brahms-Quartett. Hervorragend! Hinterher schenkte Lilys Stiefmutter Bowle aus und die Kinder bekamen Konfekt, da gab's dann kein Halten mehr.

Am liebsten sind Paul jedoch die Abende, an denen Lily und er zu zweit musizieren. Etwa die »Frühlingssonate« von Beethoven, eines der wunderbarsten Werke der gesamten Violinliteratur!

Die beiden sind sich in ihrer Begeisterung für die Musik ganz einig – und nicht nur darin …

Lilys Vater darf von Pauls Gefühlen für seine Tochter allerdings nichts wissen. Medizinalrat Stumpf hat ganz andere Pläne für Lily: Nicht einen Künstler und Hungerleider sieht er an ihrer Seite, sondern einen Arzt oder Offizier, der ihr eine mindestens genauso schicke Sommerwohnung am Tegernsee bieten kann wie er sie selbst besitzt.

Paul wird jedes Mal ganz verrückt, wenn sich seiner Lily ein betuchter Verehrer nähert. Im Moment ist die Sehnsucht besonders groß, da er bei seinen Eltern in Bern weilt und Lily unendlich weit weg ist. Letzte Nacht hat er von ihr geträumt. Die Verzückung stand ihm wohl am nächsten Morgen noch ins Gesicht geschrieben, anders jedenfalls kann Paul sich die scheinheilige Frage seiner Mutter, ob er der Lily einen Abschiedskuss gegeben habe, nicht erklären. »Das isch mei Sach.« Mehr gedenkt er dazu nicht zu sagen.

Viel lieber genießt er das glückliche Gefühl der Unzertrennlichkeit allein und schreibt Lily lange Briefe.

»Lily, lass dich fotografieren!

Lily, ich habe heute Bach gespielt.

Lily, sei standhaft, duldsam und … «

Gerade sitzt er in vollkommener Abgeschiedenheit im Wald, wo nur Rotkehlchen und Meisen zwitschern und er ansonsten ungestört ist. Von wegen! Diese Mückenbiester! Durch mehrere Lagen Stoff haben sie ihm ins Bein gestochen! Paul flüchtet nach Hause in seine Gemächer: ein Schlafzimmer, das mit einem weiteren kleinen Raum verbunden ist, in den viel Licht durch farbige Scheiben hineinströmt. Himmlisch, diese Ruhe – perfekt zum Zeichnen und Schreiben. Nur die Manöver der kleinen Katzen bringen hin und wieder eine sehr willkommene Abwechslung in Pauls Welt.

Besonders jungfräulich-verlockend
sieht die »Jungfrau im Baum« ja nicht
gerade aus. Erschien der weibliche
Akt in der Malerei jahrhunderte-
lang ideal und prächtig, wirkt Pauls
Dame schon recht vertrocknet.

Bella Italia

Im Oktober 1901 reist Paul zusammen mit Hermann Haller nach Italien, um sich während der nächsten sechs Monate an historischen Bau- und Kunstwerken zu schulen. Das gehört quasi zum Programm der Akademieausbildung. Eine Bildungsreise, wie sie seinerzeit schon Johann Wolfgang von Goethe unternommen hat. Das Buch des verehrten Dichters, die »Italienische Reise«, trägt Paul stets bei sich.

Paul ist bewusst, wie kostbar diese Zeit ist. Das südliche Land beeindruckt ihn zutiefst. Mailand, diese glänzende Großstadt mit den großartigen Palästen und schönen Gärten. Genua – unvergesslich! Florenz, Rom, Neapel – Paul wandert von einer Kirche zum nächsten Brunnen, vorbei an unzähligen anderen beeindruckenden Bauwerken.

Das südliche Land beeindruckt ihn zutiefst. Mailand, diese glänzende Großstadt mit den großartigen Palästen und schönen Gärten. Genua – unvergesslich!

Ergriffen von den Meisterwerken der altchristlichen und byzantinischen Malerei, von der Architektur der Gotik und der Renaissance, fühlt sich Paul jedoch manchmal auch ganz klein. Erschöpft steht er vor Michelangelos Wandmalereien in der Sixtinischen Kapelle in Rom: Wie soll er jemals eine vergleichbare Leistung erbringen?

Ein Ausflug ans Mittelmeer zusammen mit Haller und den Malern Schmoll und Altherr bringt ihn auf andere Gedanken. Die Idee war ihnen abends gekommen, als sie zu tief in ihre Frascati-Gläser geschaut hatten. Als am nächsten Morgen um Punkt sechs

Uhr der Wecker klingelt, ist der Jammer groß: Kopfschmerzen, Riesenwasserflaschendurst! Am liebsten würde Paul einfach liegen bleiben.

Doch der Ausflug entschädigt für alles. Schon die Fahrt von Rom durch die Campagna macht den noch im Halbschlaf reisenden Paul glücklich, und erst der Anblick der Landschaft! Das Wetter ist perfekt: Sonne und Wind. Perfekt, um in den Felsen herumzukraxeln, am Ufer entlangzuwandern und sich in die Wellen zu stürzen, von wo aus sich ein herrlicher Blick auf die wild wuchernden Kakteen und prachtvollen Villen bietet.

Im Hafen von Anzio mieten sie schließlich ein Boot, um an Haifischfängern und Riesendampfern vorbeizusegeln. Sogar fliegende Delfine sind zu entdecken! Mit der Dämmerung beginnt das Meer zu leuchten. Als Paul die im Wasser aufblitzenden Diamanten zu fangen versucht, entpuppen sie sich als phosphoreszierende Wassertierchen. Nie wird Paul die Aussicht vom Boot vergessen, diese Riesenarena aus lauter Wellen, und im Hintergrund Unendlichkeit. Der Anblick tröstet ihn und er nimmt sich insgeheim vor, auch in seinen Bildern einmal so magische Welten zu erschaffen.

In Neapel fesselt Paul vor allem das weltweit erste Meeresaquarium. Unglaublich, was es für Lebewesen gibt, nie zuvor hat er so etwas gesehen. Muscheln und Seesterne, klar. Aber doch keine schlangenartigen Ungeheuer mit Riesenmaul und boshaftem Blick. Und wie sie sich bewegen! Paul muss lachen – ein ganz besonderes Exemplar sitzt auf seinem Maul und trägt den Körper als Kopf. Ein anderes Tier übt sich im gemütlichen Rückenschwimmen und schwenkt ein Fähnlein, überglücklich sieht es dabei aus. Paul bewundert die Farben und Formen und denkt: so eine Verschwendung göttlicher Fantasie, wenn kein Mensch diesen Reichtum unter Wasser jemals zu Gesicht bekommt, unbedingt muss er Lily davon erzählen.

PK·06

Alles geritzt: Nur noch wenige Details
der ehemals schwarzen Farbe auf der
Glasplatte hat Paul übrig gelassen. Man
beachte den Nasenring des Hündchens …

So schön es in Italien auch ist, manchmal fühlt sich Paul doch recht einsam und wünscht sich nichts mehr, als seine geliebte Lily wieder in die Arme schließen zu können. Zum Trost hat er sich eine Katze geliehen, die sich schnurrend um seine Beine schmiegt. Paul liebt das launische Schwanken zwischen Unabhängigkeit und Anhänglichkeit an diesen Tieren. Offiziell ist sie zum Mäusefangen da, und so muss Paul schließlich dabei zusehen, wie das kleine Geschöpf wieder abgeholt und in einen Sack gesteckt wird. Hundeelend ist ihm dabei zumute.

Paul hält es kaum aus ohne das Kätzchen, flieht aus seinem gemieteten Zimmer und schlendert ziellos durch die Gegend. Der Zufall verschlägt ihn vor ein Geschäft, in dem echte kleine Käuze im Schaufenster ausgestellt sind – hinein und gekauft! Fortan thront ein Käuzchen wie ein Feldherr auf dem Wandschrank seines Zimmers, und gemeinsam schauen sie mit unergründlichem Blick in die Ferne.

Grüblerische Zeiten: Paul in Bern

Nach seiner Studienreise wohnt Paul zunächst wieder bei seinen Eltern in Bern. Die italienischen Erlebnisse sind noch ganz präsent, und die große historische Lektion fordert ihn zum Nach-

> Wie kümmerlich kommen ihm seine eigenen Versuche angesichts der Meisterwerke von Raffael, Leonardo da Vinci und den anderen Renaissancekünstlern vor!

denken über die eigene künstlerische Arbeit heraus. Das Ganze verläuft nicht besonders aufmunternd. Wie kümmerlich kommen ihm seine eigenen Versuche angesichts der Meisterwerke von Raffael, Leonardo da Vinci und den anderen Renaissancekünstlern vor!

Paul stützt seinen Kopf in die Hände und brütet. Er muss sich nun auf sich selbst konzentrieren und beharrlich experimentieren, egal, was andere vor ihm bereits Großartiges geleistet haben.

So verlaufen die nächsten Jahre in Bern zurückgezogen und still. »Wenn ich ein ganz wahres Selbstporträt malen sollte«, schreibt er in sein Tagebuch, »so sähe man eine merkwürdige Schale. Und drinnen, müsste man jedem klarmachen, sitze ich, wie der Kern in einer Nuss«.

Paul führt jetzt ein vornehmes, vergeistigtes Leben. Wenn er nicht malt, zeichnet oder fotografiert, findet man ihn in Lektüre versunken. Er taucht ein in die Tagebücher von Hebbel, die Gedichte von Schiller, die Briefe von Ibsen und die Fantasiestücke von Hoffmann. Er verschlingt Shakespeares »Romeo und Julia«,

Endlich trägt das Ringen um einen eigenen Stil Früchte, wenn Paul nicht mehr nur die Natur kopiert, sondern selbstständig erfindet.

die »Metamorphosen« von Ovid und Dostojewskis »Helle Nächte«. Goethes »Wahlverwandtschaften« sind kaum ausgelesen, da fängt er schon wieder von vorne an.

Oder Paul musiziert; er ist erneut in die Bernische Musikgesellschaft eingetreten. Die regelmäßigen Konzerte bringen etwas Geld, und nebenher gibt Paul noch Geigenunterricht. Außerdem geht er auf unzählige Konzerte und schreibt Musikbesprechungen für die Zeitschrift »Die Alpen«.

Paul findet Gefallen daran, so ganz sich selbst überlassen zu sein. Auch wenn die produktiven Arbeitszeiten immer wieder von verzweifelten Stimmungen abgelöst werden, etwa wenn die Linie sich selbstständig macht oder die Farben auf der Leinwand ganz anders aussehen als gewollt. Unbarmherzig werden solch scheußliche Blätter vernichtet! Doch wenn Paul einen neuen Einfall hat, ist die düstere Stimmung vergessen.

Und ran an die Arbeit: Paul zeichnet, radiert und ätzt einen verdorrten Baum. Dann eine ebenfalls schon etwas vertrocknete Dame, die nackt, mager und in recht unvorteilhafter, aber eindeutiger Pose quer über den knorrigen Ästen liegt. Mag man sich dabei auch an die klassischen Venusdarstellungen von Tizian erinnert fühlen, die Paul in Italien gesehen hat – von Erotik und idealer Schönheit ist hier keine Spur!

»Die Jungfrau im Baum« (Abb. S. 23) – ein grandioser Einfall, ein ironischer Protest gegen die Moralvorstellungen der bürgerlichen Gesellschaft! Endlich trägt das Ringen um einen eigenen Stil Früchte, wenn Paul nicht mehr nur die Natur kopiert, sondern selbstständig erfindet.

Raffiniert sind auch Pauls Zeichenversuche mit der Nadel. In eine geschwärzte Glasplatte ritzt er Linien hinein, fixiert das Ganze und hinterlegt es mit verschiedenfarbigen Flächen. So entsteht das »Bildnis einer gefühlvollen Dame« (Abb. S. 26) mit imposantem Busen, und von einem winzigen Hündchen begleitet.

Auch Pauls edle graue Katze Myz ist ganz interessiert an den neuen Arbeiten. Eingehend beschnuppert sie die an die Wand gelehnte Glasscheibe, dreht kleine Runden und verfolgt staunend ihr Spiegelbild. Dann schleicht sie um das Glas herum, um sich anschließend zufrieden auf der Farbpalette niederzulassen.

**Paul mit Lily im Garten seines
Elternhauses in Bern, 1906**

Familienbande

Aus der Liebe von Paul und Lily wird ein Versprechen – und noch viel mehr ...

So ganz einsam geht Pauls Arbeit nun auch wieder nicht vonstatten. Schließlich denkt er dabei immerzu an seine »innigst geliebte kleine Bubi«, seine Lily, der er viel Inspiration zu verdanken hat. »Denkst du oft an unser Wiedersehen? Ich in einem fort. Zukunft, lauter Zukunft. Eine Gegenwart gibt's nur in deinen Armen«, schreibt Paul sehnsüchtig in sein Tagebuch.

Das anhaltende Werben um Lily hat sich gelohnt: Die beiden sind jetzt verlobt. Heimlich verlobt, denn Medizinalrat Stumpf ist von Paul noch immer nicht sonderlich begeistert. Als Paul Lily endlich offiziell nach Bern einlädt, entgegnet ihr Vater zu Pauls Belustigung mit einem schriftlichen Fragenkatalog:

»1. Ist das Verhältnis, in welchem Sie zu Lily stehen, noch jenes Freundschaftsverhältnis, das es früher gewesen ist?«

Wenn der wüsste ...!

»2. Wenn es sich in ein Liebesverhältnis verwandelt haben sollte, weiß ihre Frau Mutter davon?«

Schon mal was von mütterlichem Instinkt gehört?

»3. Ist die Einladung Lilys nach Bern seitens Ihrer Frau

Mutter bereits auf Grund der Kenntnis der jetzigen Sachlage erfolgt?«

Und selbst wenn nicht, das lässt sich ganz fix regeln!

Medizinalrat Dr. Ludwig Stumpf schließt mit den Worten: »Bei Lilys impulsivem Wesen bin ich genötigt, jeglicher Gelegenheit, welche auf ihr Leben einen bedeutenden Einfluss gewinnen könnte, ein weit über den Durchschnitt gehendes Maß von Vorsicht entgegenzubringen …« – und verbietet Paul und Lily doch glatt das Wiedersehen!

»Vor allem bin ich von der Unmöglichkeit überzeugt, dass von Menschenhand etwas gegen uns mit Erfolg unternommen werden kann.«

Paul reißt sich zusammen und antwortet in aller Förmlichkeit: »Aus meinem Verhältnis zu Ihrer Tochter Fräulein Lily ist mit der Zeit das geworden, was sich nach dem strengen Wachstum der von vornherein innigen Beziehungen gut denken ließ, eine wahre Liebe, die ich Ihnen bei der gegebenen Gelegenheit um so lieber eingestehe, als sie mir dadurch geadelt erscheint.«

Und schickt hinterher: »Vor allem bin ich von der Unmöglichkeit überzeugt, dass von Menschenhand etwas gegen uns mit Erfolg unternommen werden kann.«

Zu dritt

Entgegen aller Einwände ist Paul nun Ehemann. Am Standesamt Bern musste er von einem verhutzelten Beamten noch allerlei Ermahnungen über sich ergehen lassen, und konnte dann endlich mit Lily durch die »verhüratete« Tür gehen. Und nicht nur das: Seit dem 30. November 1907 ist er außerdem stolzer Papa! Ein kleiner Felix ist es geworden, der die Eltern seither auf Trab hält.

Paul erinnert sich noch lebhaft an die ersten Monate, als er nachts im Halbschlaf seinem lauthals schreienden Sohn die Flasche geben musste! Doch wenn sich Felix anschließend freute wie der Vollmond, war Paul augenblicklich wieder versöhnt.

Überhaupt ist Paul ein treu sorgender Familienvater geworden. Er kümmert sich um Haushalt und Erziehung, während Lily als Konzertpianistin und Musiklehrerin den Lebensunterhalt verdient: Eine höchst ungewöhnliche Arbeitsteilung im Vergleich zu den meisten ihrer Zeitgenossen.

Zu dritt bewohnen sie eine kleine Drei-Zimmer-Wohnung in München-Schwabing, im Gartengebäude der Ainmillerstraße 32, zweiter Stock rechts. Ein Wohnzimmer mit schweren Möbeln und einem Klavier, ein Schlafzimmer mit zwei Betten für drei und im langen dunklen Korridor eine ausgesuchte Bibliothek. Um die Schrift auf den Buchrücken zu

> **Überhaupt ist Paul ein treu sorgender Familienvater geworden.**

entziffern und das richtige Werk herauszugreifen, kommt eine Gaslampe zu Hilfe. Des Weiteren ein Musikzimmer mit wunderbarem Blüthner-Konzertflügel, auf dem Lily ihren Schülern Allerlei beibringt.

Das Musikzimmer dient Paul und Lily außerdem als Ort für ihre abendliche Hausmusik. Mozart, Beethoven, Bach, Händel, Haydn und Schubert – seitdem die Musikhungrigen wegen Felix nicht mehr so oft aus dem Haus gehen können, laden sie auch gern zu vollendeten klassischen Konzerten ins heimische Wohnzimmer ein. Wenn es kalt ist, wird für Lilys großbürgerliche Freunde und für Pauls Künstlerfreunde der Kohleofen angeworfen.

Die große Küche mit gusseisernem Balkon, der im Winter als Eisschrank dient, hat Paul zu seinem Hauptarbeitsplatz auserkoren. Hier bereitet er mit Leichtigkeit und Freude kulinarische Köstlichkeiten: italienisch, französisch, meist fünf bis sechs Gänge.

**Gruppenbild mit
Puppen oder: Wo ist
Paul Klee?**

Pauls Selbstbildnis ist
die zweite Figur von
links in schwarzem
Gewand mit Vollbart.

34

Mehrere Sterne hat Felix ihm bereits verliehen! Besonders für den feinen Griesbrei, den Paul zu Felix' Vergnügen mit einem Pinsel statt einem Kochlöffel anrührt und mit süßem Himbeersirup abschmeckt.

Wenn der Tisch abgeräumt ist, holen Vater und Sohn ihre Hausaufgaben hervor: Mal- und Zeichenutensilien für Paul, Rechen- und Schreibübungen für Felix, der sich tunlichst beeilt, denn Pinseln gemeinsam mit Papa ist viel lustiger. Egal, ob zu Hause oder auf ihren Wanderungen durch den Englischen Garten in die Hirschau, wo sie nach einem geeigneten Ort Ausschau halten, um sich auf Klappstühlen vor der Staffelei niederzulassen. Manchmal hat Paul sein Opernglas dabei, um Modelle zu überlisten, die sich freiwillig nicht zur Verfügung stellen würden. Das gefällt Felix ganz ungemein, und so manches Mal begibt er sich auf die Pirsch, um seinen Vater mit kleinen Geschichten seiner Abenteuer zu beglücken.

Anschließend werden die gesammelten Werke vom Meister sorgsam auf Karton gezogen und mit oft humorvollen Titeln versehen, wie »Mädchen, sich bückend, von einem schlangenartigen Dackel gefolgt« oder »Kleine Experimentiermaschine Miau Zwitsch« oder »Hilf! Schlange ist da! Kann nicht!« Jedes einzelne Bild seines Sohnes bewahrt Paul auf. Ganz stolz zeigt er sie allen Besuchern, erklärt sie zu wahren Inspirationsquellen und besseren Bildern als den seinen, die allzu oft »durch das Gehirn hindurchgetropft sind«.

Puppentanz

Hat Felix mal keine Lust zum Malen, spielt er mit den Handpuppen (Abb. S. 34–35), die Papa ihm zum neunten Geburtstag geschenkt hat. Toll sehen die aus! Mit Köpfen aus Gips, Holz und Pappmaché – selbst Rindsknochen und Elektrokabel hat Paul verwendet. Die ersten Puppenkleider lässt Paul noch von einer

Freundin anfertigen. Die anderen näht er selbst, mit der Hand oder der heimischen, handbetriebenen Nähmaschine.

Das Puppentheater findet auf einer improvisierten Bühne in Form eines Bilderrahmens statt. Natürlich kein gewöhnlicher Rahmen, sondern mit unzähligen bunten Stoffresten aus Lilys

Pfeife schmauchend amüsiert er sich köstlich über das komödiantische Talent seines Sohnes, der mit Kasperl und Freund Sepperl, dem Teufel und seiner Großmutter dramatische Abenteuer zur Aufführung bringt.

Nähkästchen beklebt. Sobald er zwischen dem Türrahmen hängt, geht der Vorhang auf – für Paul die herrlichsten Mußestunden, wenn er Felix beim leidenschaftlichen Theaterspielen zuschauen kann. Pfeife schmauchend amüsiert er sich köstlich über das komödiantische Talent seines Sohnes, der mit Kasperl und Freund Sepperl, dem Teufel und seiner Großmutter dramatische Abenteuer zur Aufführung bringt.

Der gewitzte Kasperl bleibt natürlich stets der Sieger des ganzen Schlamassels. Er schlägt den Polizisten in die Flucht, jagt den Teufel zur Hölle und hängt den Tod am Galgen auf. Wenn dann noch das gefräßige Krokodil auftritt, verkriecht sich Tigerkater Fritzi lieber unter dem Wohnzimmersofa, obwohl das Krokodil »die Guten« selbstverständlich unbeschadet wieder ausspuckt und nur »die Bösen« verspeist.

In den nächsten Jahren kommen viele neue Puppen hinzu, und immer fantastischer werden Pauls Erfindungen. Ein »weißhaariger Eskimo«, ein »Zündholzschachtelgeist«, ein »gekrönter Dichter«, ein »buddhistischer Mönch«, ein »bärtiger Franzose« und ein »Deutschnationaler«. Nicht wenige Figuren haben dabei auffällige Ähnlichkeit mit dem einen oder anderen aus Pauls Bekanntenkreis …

Wenn Felix krank ist, kommt Paul mit seinem Erzähltalent zum Zuge: Märchen werden auswendig vorgetragen. Außerdem erneuert der besorgte Vater Wadenwickel, tupft die Stirn ab, kocht eine kräftigende Suppe, tupft die Stirn wieder ab. Die Temperatur wird gemessen und Pauls Sorgen steigen parallel zur Fieberkurve. Ganz so harmlos ist es eben doch nicht, Kinder großzuziehen!

Hat Paul Felix ins Bett gebracht, genießt er die ruhigen Abendstunden, verbringt sie musikalisch oder mit einem guten Buch in der Hand. Gerade liest er die Briefe Vincent van Goghs, dieses zu Lebzeiten verkannten Genies, der einsam seinem Stern gefolgt war und tief aus seinem Inneren geschöpft hatte. Paul fühlt sich seelenverwandt – auch wenn er erschrocken ist von van Goghs innerer Zerrissenheit, die er in dessen Bildern gespiegelt sieht: »Hier leidet ein Gehirn unter dem Brand eines Gestirns. Es befreit sich im Werk kurz vor seiner Katastrophe. Schwerste Tragik spielt sich hier ab, echte Tragik, Natur-Tragik, vorbildliche Tragik. Man erlaube mir, zu erschrecken«, notiert Paul in sein Tagebuch.

Paul selbst bevorzugt für sein Leben eine »gemäßigte Zone« mit nicht allzu leidenschaftlichen Auf und Abs, die er als höchst ungesund empfindet. Allzu lebhaft erinnert er sich noch an seine Liebschaften in den wilden Studienjahren! Paul ist froh, dass er jetzt eine Familie hat, für ihn eine solide Basis und ein emotionaler Schutzraum, um sich frei entfalten zu können.

Auf dem Weg zur Farbe

Unter der heißen Sonne Afrikas: Paul und die Farbe sind eins.

1911 reist Paul mit Felix nach Bern, um dort wie so oft die Sommerferien im Haus seiner Eltern zu verbringen. Ein kleiner Abstecher an den Thuner See führt ihn an einem schönen Sonntagnachmittag zu seinem alten Schulfreund, dem Maler Louis Moilliet.

Louis hat einen weiteren Künstler eingeladen, August Macke, der mit seinen dreiundzwanzig Jahren bereits eine beachtliche Karriere vorweisen kann. Paul lauscht interessiert den Erzählungen seiner Studien an der Düsseldorfer Akademie und an einer privaten Kunsthochschule bei Lovis Corinth in Berlin. Als August Macke bei seinen Reisen in die Kunststadt Paris angekommen ist, gerät er regelrecht ins Schwärmen: Eine kleine Gruppe französischer Künstler gäbe es dort, die absichtlich ganz anders malen als bisher üblich! Nicht mehr das Motiv, sondern die Farben bestimmen ihre Bilder, ganz egal, ob sie nun mit der Natur übereinstimmen oder nicht. Seit dem Einfall eines Kunstkritikers, der in der Zeitung abgedruckt wurde, nenne man sie nur noch »Fauves«, die »Wilden«.

Noch spannendere Entwicklungen beobachtet August Macke jedoch gerade in München. Ob Paul denn noch nicht davon gehört habe, dass verschiedene Maler gemeinsam ein Jahrbuch über die wichtigsten Kunstrichtungen der Gegenwart herausgeben wollen? Die Idee komme von einem russischen Maler, der übrigens wie Paul in Schwabing wohne.

Seit beinahe drei Jahren sind Paul und Wassily Kandinsky nun schon Nachbarn, ohne voneinander zu wissen. Louis ist ganz begeistert von Kandinskys Werken. Bei der nächsten Gelegenheit besucht er Paul in München, um sich einige von Pauls Bildern unter den Arm zu klemmen und damit schnurstracks ein Haus weiter in die Ainmillerstraße 36 zu wandern. Es dauert nicht lange, und Louis steht wieder bei Paul vor der Tür, diesmal mit einem nicht weniger beachtlichen Stapel von Kandinskys Bildern in der Hand. Merkwürdige Bilder, findet Paul. Ganz ohne Gegenstand. Das hat er noch nie zuvor gesehen. Und auch wenn es ihm ausgesprochen sonderbar vorkommt – revolutionär ist es allemal!

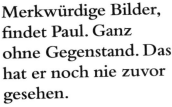

Merkwürdige Bilder, findet Paul. Ganz ohne Gegenstand. Das hat er noch nie zuvor gesehen.

Ohnehin hat Paul großen Respekt vor Wassily Kandinsky und seinen ungewöhnlichen Ideen. Kandinsky ist ein vornehmer Mann, dreizehn Jahre älter als Paul, promovierter Jurist und Nationalökonom, der die Kunst als persönliche Befreiung für sich entdeckt hat. Pauls Interesse wächst mit jedem Besuch; auch schätzt er die Arbeiten von Kandinskys Lebensgefährtin Gabriele Münter, die ebenfalls Malerin ist.

Während Paul seit jeher eher ein grüblerischer Einzelgänger ist, schart sein agiler Nachbar allerlei Gleichgesinnte um sich. Zusammen mit Franz Marc, August Macke, Gabriele Münter und anderen Malern organisiert er derzeit eine Ausstellung, die dem geplanten Jahrbuch vorausgehen soll. Der Titel steht schon fest: »Der Blaue Reiter«, benannt nach einem Bild Kandinskys, auf dem ein romantischer Held auf einem weißen Pferd querfeldein durch eine Herbstlandschaft reitet.

Am 18. Dezember 1911 ist es dann soweit: Die Schau wird eröffnet. Dreiundvierzig Werke von vierzehn Künstlern werden in der Galerie Thannhauser gezeigt. Paul geht fasziniert von einem Bild zum nächsten. »Die gelbe Kuh« von Franz Marc – nichts an diesem Bild einer knallgelben Kuh, die einen Luftsprung vollführt, erinnert an herkömmliche Tierdarstellungen! Noch gewagter: Kandinskys »Jüngstes Gericht«, mehr als fünf Quadratmeter groß, in dem es weder bunte Kühe noch sonst einen eindeutig definierbaren Gegenstand gibt, nur frei schwebende Farben, deren Deutung der Fantasie überlassen bleibt.

Die Presse reagiert allerdings mit wenig Fantasie. Stillos finden die Zeitungen die Werke, als »Hottentotten im Oberhemd« und »Horde farbespritzender Brüllaffen« bezeichnen sie die Künstler. Doch Paul versteht, dass es den Künstlern vor allem darum geht, mit den Bildern Gefühle zu berühren. Sie wollen Farbe und Form befreien; das »realistische« Wiedergeben von Dingen spielt nur noch eine untergeordnete Rolle.

Auch Paul ist in seinen Bildern auf der Suche nach einem neuen, unverbrauchten, ganz eigenen Ausdruck. Bei der nächsten Ausstellung des »Blauen Reiters« im Januar 1912 ist er mit insgesamt siebzehn Bildern beteiligt. Kurze Zeit später erscheint auch der Katalog, der alle »neuen echten Ideen« der Künstlervereinigung versammelt und neben moderner Kunst auch Kinderzeichnungen und afrikanische Volkskunst präsentiert.

Vorbei ist es mit Pauls Einsiedlerleben. Über Kandinsky lernt er dessen Landsmann Alexej von Jawlensky kennen, und über diesen wiederum die Baronin Marianne von Werefkin, in deren Salon in der Giselastraße sich die Intellektuellen Münchens versammeln. Besonderen Gefallen findet Paul an dem ruhigen, tiefgründigen und warmherzigen Franz Marc, dessen von der Tierwelt inspirierte

Kairuan, ein Ort wie
im Märchen: »Tau-
sendundeine Nacht
als Extrakt mit neun-
undneunzig Prozent
Wirklichkeitsgehalt«,
schreibt Paul in sein
Tagebuch.

Bilder ins Abstrakte führen – neben gelben Kühen malt er auch blaue Pferde, rote Schweine und allerlei bunte Tiere mehr.

Paul denkt an seine eigenen Bilder. Sicher, seine Zeichnungen sind nicht schlecht gelungen, doch in der Farbgestaltung sind ihm Franz Marc, Kandinsky und all die anderen modernen Maler weit voraus. »Wichtiger als die Natur und ihr Studium ist die Einstellung auf den Inhalt des Malkastens«, schreibt Paul in sein Tagebuch. »Ich muss dereinst auf dem Farbklavier der nebeneinanderstehenden Aquarellnäpfe frei fantasieren können«, lautet von nun an die Aufgabe.

Reise nach Tunesien

Was für ein Glück, diese Freundschaft zu Louis Moilliet! Louis ist außerordentlich großmütig zu denen, die er mag. Und er mag, mal abgesehen von den vielen jungen Damen, ganz besonders Paul und August Macke. Großmütig ist Louis deshalb, weil er Paul gönnt, was dieser sich eigentlich nicht leisten kann: eine Reise nach Tunesien. Letzten Dezember hatten die drei Künstler gemeinsam den Entschluss gefasst. Nun versorgt also Paul Louis mit Bildern, während sich Louis um den Verkauf und die Reisefinanzierung kümmert.

Im April 1914 ist es dann soweit: die Carthage rollt aus dem Hafen von Marseille aus, hinein in den Golf du Lyon. Löwengolf – der Name passt, denn das Küstengebiet ist bekannt für den rauen, gefährlichen Fallwind Mistral. Paul ist das gar nicht geheuer. Vorsichtshalber schluckt er das Zaubermittelchen, das ihm Gabriele Münter in die Tasche gesteckt hat. August amüsiert sich, zückt einen Bleistift und zeichnet seinen Begleiter, wie er mit dem Kopf über der Reling hängt. Schon allein bei der Vorstellung wird Paul ganz schlecht.

Angesichts der Vorfreude – Afrika! – wird er jedoch bald wieder munter. Während die anderen Passagiere an Deck wegen des stark schwankenden Untergrunds immer weniger werden, plündern Paul, August und Louis das Büfett im Speisesaal, rauchen gemütlich ihr Pfeifchen, schmieden verheißungsvolle Reisepläne und fallen anschließend in einen tiefen Schlaf.

Am nächsten Tag ist die afrikanische Küste schon in Sicht. Die Sonne brennt und lässt das weiße Häusermeer von Sidi-Bou-Said leuchten. Es ist die erste arabische Stadt, die sie sehen, gebaut auf einem steil ins Meer abfallenden Bergrücken, mit einem Namen wie ein Gedicht.

Die Ankunft am Hafen von Tunis fühlt sich abenteuerlich an. In Windeseile krabbeln die Einheimischen wie Ameisen an den Strickleitern der Carthage hinauf, um mit dem Gepäck zu helfen. Die Schiffssirene dröhnt, die Möwen kreischen und stürzen sich kopfüber ins Wasser. Beim

Am nächsten Tag ist die afrikanische Küste schon in Sicht.

Verlassen des Dampfers ist das Gedränge groß, unzählige Menschen eilen über die Gangway und quetschen sich durch die Zollschranke. Und die ganze Zeit schwankt der Boden weiter.

Am Hafen wartet Doktor Jäggi samt Frau und Töchterchen im Auto. Louis winkt. Doktor Jäggi ist ein Bekannter aus Bern – Chirurg und Geburtshelfer mit einem Faible für Kunst –, der sich in Tunis niedergelassen hat und Louis und Paul bei sich aufnimmt. August bevorzugt das Hotel. Man quetscht sich auf die Hinterbank des Wagens. Jäggi hat einen rasanten Fahrstil, biegt rechts ab und links und wieder links, bis er vor einem Mietshaus zum Halten kommt. Sie betreten ein großzügig geschnittenes Apartment. Der Koch, ein Farbiger, hat bereits das Abendessen zubereitet – köstlich! Jäggi erzählt von seiner Sehnsucht nach der Schweiz, während Paul die Fragezeichen ins Gesicht geschrieben stehen: Wieso an »Wirtshus« und »Chirche« denken, wenn einem der Orient zu Füßen liegt?

Auf seiner Tunesienreise ist Paul fasziniert
von dem Licht des Südens. Hier entdeckt
er die Farben für sich und malt Bilder, die
an die bunten Teppiche auf den Märkten
der orientalischen Städte erinnern.

Am nächsten Tag gehen die drei Maler auf Entdeckungstour, durch die Souks der Altstadt, wo die Händler ihre Ware feilbieten: Zinnfiguren und archaische Waffen neben geknüpften, geknoteten und gewebten Teppichkunstwerken, wo man auch hinschaut. August ist eifrig am Feilschen und freut sich ein Loch in den Bauch, wenn er den Preis herunterhandeln kann.

Weiter geht's über den Gemüsemarkt und durch die Fleischhallen. Hin und wieder treffen sie auf Horden grölender Matrosen, die an Land das schnelle Glück suchen. Dazwischen vereinzelt gut gekleidete Schnurrbartträger, die sich als die großen Herren aufspielen – meist Franzosen. Seit mehr als dreißig Jahren ist Tunesien nun französisches Protektorat.

Paul ist erfüllt von den vielen Eindrücken der Stadt, die sich so fremd und vertraut zugleich anfühlt. Fast scheint es ihm, als hätte er hier schon einmal gelebt. Immer wieder entdeckt er Ansichten, die er mit Farbe und Pinsel festhalten muss. Gerade hat er sich auf einen Mauervorsprung gesetzt und den Aquarellkasten hervorgeholt – das kostbarste Stück seines Reisegepäcks –, da rollt ein kleiner Pillendreherkäfer seine Dungkugel rückwärts an ihm vorbei. Scarabaeus zambesianus. So selbstverständlich wie der Käfer seine Arbeit erledigt, seine Eier mit Dung ummantelt, damit die Larven nach dem Schlüpfen genug zu fressen haben, geht Paul hier im Süden das Malen von der Hand.

Am Wochenende nimmt Jäggi Kind und Kegel mit in sein Landhaus in St. Germain, einen Vorort von Tunis. Paul gehen fast die Augen über beim Anblick der Villa im südfranzösischen Stil. Und das Beste: Sie liegt direkt am Meer! August und Louis spannen als erstes die Hängematten im Garten auf und lauschen friedlich dem Schlagen der Wellen. Doch Paul ist nicht mehr zu halten, er muss unbedingt sein erstes kühlendes Seebad nehmen.

Das Wochenendhaus ist der perfekte Ort, um im Garten oder auf der Terrasse Aquarelle zu malen. Die exotische Natur, die glühende afrikanische Landschaft und dieses wahnsinnig intensive Licht, alles wird Paul zur Inspiration. Den warmen Frühlingsabend verbringt er mit Louis und August am Strand, als ein riesiger kugelrunder Vollmond am Himmel erscheint. Unbeschreiblich, unvergesslich. Paul weiß: Dieser Abend wird sich ihm tief einprägen, für immer.

»Die Farbe hat mich«

Zu Beginn der nächsten Woche geht die Tunesienreise weiter, mit dem Zug nach Hammamet und durch eine immer karger werdende Natur weiter nach Kairuan. Für Paul ist dieses Heiligtum des

Mit einem französischen Fremdenführer an ihrer Seite erkunden Paul, August und Louis gut gelaunt die Stadt. Was für ein herrlicher Tag!

Islam der absolute Höhepunkt. Im Jahr 671 ließ Uqba ibn Nafi, ein Anhänger des Propheten Mohammed, auf seinem Eroberungszug gen Westen mitten im Nirgendwo ein Heerlager aufschlagen und eine Moschee errichten. Noch heute wirkt Kairuan mit seinen inzwischen unzähligen weißen Kuppelbauten inmitten einer graubraunen Steppenlandschaft wie eine Fata Morgana.

Mit einem französischen Fremdenführer an ihrer Seite erkunden Paul, August und Louis gut gelaunt die Stadt. Was für ein herrlicher Tag! Mehdi, ihr Führer, besorgt drei Esel, und August macht sich einen Spaß daraus, ihm die unmöglichsten deutschen Worte beizubringen.

Erste Station ist der mit kostbarem Marmor ausgelegte Vorplatz der Großen Moschee. Den Gebetsraum dürfen nur Muslime betreten, doch da die Tore offen stehen, gelingt es Paul, einen Blick auf die prächtige Zedernholzkanzel zu werfen. Weiter geht's durch die Gassen der verwinkelten Altstadt. An fast jeder Straßenecke gibt es etwas zu entdecken: hier der Schlangenbeschwörer, da eine blinde Sängergruppe, dort eine Ansammlung von Menschen, die mit großem Tumult eine Maus mit dem Schuh erschlagen. Im nächsten Straßencafé gesellen sich Paul, Louis und August zu ein paar Mühle-Spielern, die in ihre Partie vertieft sind.

Paul löscht seinen Durst und kostet einige Röllchen Makroudh, diese zuckersüßen Leckerbissen, die Mehdi am Tresen bestellt hat. Er holt seine Aquarellfarben hervor und befestigt ein Blatt Papier mit Gummibändern auf einem Holzbrett. Paul trägt leuchtendes Gelb auf für den in der Sonne brennenden Sand, Hellblau und Violett für den Himmel, lässt die Farben an manchen Stellen verlaufen, an anderen überlagern. Im Hintergrund spart er Farbe aus, sodass die weiße Kuppel der Moschee aus dem Bild herausleuchtet. »Vor den Toren von Kairuan« (Abb. S. 42–43), so will er das Bild nennen.

Er lehnt sich zurück, löst die Gummibänder. Eine glückliche, zeitlose Stunde. »Ich lasse jetzt die Arbeit«, schreibt er in sein Tagebuch. »Es dringt so tief und mild in mich hinein, ich fühle das und werde so sicher, ohne Fleiß. Die Farbe hat mich. Ich brauche nicht nach ihr zu haschen. Sie hat mich für immer, ich weiß das. Das ist der glücklichen Stunde Sinn: ich und die Farbe sind eins. Ich bin Maler.«

Zurück in Tunis packt Paul seinen Koffer, kauft noch einige Geschenke und macht sich auf den Weg zum Hafen. Louis und August bleiben noch einige Tage, doch Paul ist erfüllt von den vielen Eindrücken. Es drängt ihn nach Hause zu fahren, um das umzusetzen, was er gesehen und erlebt hat. Diesmal besteigt er die Capitaine Pereire, winkt noch einmal von oben. Unten stehen Jäggi, seine Tochter und die beiden Malersleute, mit denen er diese wunderbaren Wochen verbracht hat. Sie rufen sich noch einige Worte zu, die der Wind zerstreut.

**Paul (Bildmitte, stehend in zweiter
Reihe) als Soldat der Landsturmkompanie
Landshut, 1916**

Schicksalsjahre

Eine Welt bricht zusammen. Nichts ist mehr, wie es war.

Im August 1914 erhält Paul Post von Kandinsky. »Wo sind Sie? Hoffentlich auch in der Schweiz, das heißt in dem in Europa fast einzigen Lande, wo die Zukunftsatmosphäre nicht durch Hass vertrieben wurde … Was für ein Glück das sein wird, wenn die schreckliche Zeit vorüber ist.«

Am ersten Abend des Monats August hatte Berlin St. Petersburg den Krieg erklärt, als Reaktion auf die Weigerung Russlands, seine Generalmobilmachung rückgängig zu machen. Wenige Tage später richtet sich Deutschland auch gegen Frankreich und fällt in das neutrale Belgien ein, woraufhin sich England in den Krieg einschaltet. Der Erste Weltkrieg ist ausgebrochen.

Paul hängt seinen Gedanken nach. Er will mit diesem Krieg nichts zu tun haben, kann sich nicht vorstellen, dass er etwas anderes als Unheil bringt. Gerade jetzt, wo er so zufrieden ist mit seinem ruhigen, friedlichen Leben – dank Lily, die ihm so viel Halt gibt, mit Felix und vor allem auch der Kunst. Nach Tunesien ist es ihm endlich gelungen, sich mit seinen Farbaquarellen einen Namen zu machen. Paul beschließt, dass dieser Krieg ihn innerlich nichts angehen soll. Er wird einfach warten und hoffen, dass die Zeit schnell vorbei geht.

Doch ganz so einfach ist das natürlich nicht. Kandinsky ist, wie so viele andere, in die Schweiz geflüchtet. August Macke wurde bereits wenige Tage nach Kriegsbeginn zum Militärdienst eingezogen. In seinen Briefen findet er für die Grausamkeit im Feld kaum Worte. Kurz darauf stirbt er an der Westfront, mit gerade einmal siebenundzwanzig Jahren.

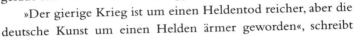

»Der gierige Krieg ist um einen Heldentod reicher, aber die deutsche Kunst um einen Helden ärmer geworden«, schreibt

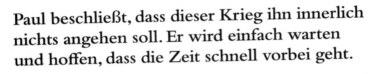

Paul beschließt, dass dieser Krieg ihn innerlich nichts angehen soll. Er wird einfach warten und hoffen, dass die Zeit schnell vorbei geht.

Franz Marc in einem Nachruf über den Malerfreund. Franz selbst hat ein paar Tage »frontfrei«, die er in München verbringt. Paul sieht, wie sehr ihm das Geschehen im Feld zugesetzt hat. Das stille Lächeln ist aus seinem Gesicht verschwunden, und die feldgraue Unteroffiziersuniform schlackert um seinen abgemagerten Körper. In Paul steigen Hassgefühle auf: dieses verdammte Soldatenspiel! Doch Franz verspricht ihm mit ruhiger Stimme und schelmischem Lächeln, sich in Luft aufzulösen, sobald etwas Gefährliches am Himmel auftauchen sollte … Als er sich verabschiedet, liegt ein tiefer Schatten über seinem Gesicht.

Am 4. März 1916 fällt Franz Marc bei Verdun. Ein Splitter traf ihn in den Kopf. Paul ist erschüttert, verbringt den Abend unruhig, räumt Schubladen aus und wieder ein, versucht wenigstens äußerlich wieder etwas Ordnung herzustellen. Als ihn endlich die Müdigkeit überkommt, klingelt es an der Haustür: ein Telegramm mit seiner Einberufung in den Krieg.

Eingezogen

Eine Woche später ist Paul »Landsturmmann Klee«, Standort Rekrutendepot Landshut, Abteilung Gabelsbergerhof. Dabei hatte er doch nicht in die gottverlassene Provinz versetzt werden, sondern in München bleiben wollen. Aber seine Meinung ist hier offensichtlich nicht gefragt.

Pauls neues »Zuhause« ist ein Gastwirtschaftssaal, sein Bett ein Strohsack zwischen unzähligen anderen Strohsäcken, schön in Reih und Glied geordnet, dazwischen schmale Gänge zum Durchgehen. Nicht nur der unmittelbare Bettnachbar schnarcht. Paul fröstelt. Er hat Hunger. Wehmütig denkt er an Lily und Felix, die sicher gerade gemütlich in der wohlig warmen Stube beisammen sitzen.

Am nächsten Morgen um sechs Uhr heißt es: Aufsteh'n! Marsch, Marsch zum Frühstückskaffee, dann weiter, Marsch, Marsch zur kriegerischen Einkleidung. Die besteht aus einer schmierigen Uniform, derben Militärstiefeln und undefinierbarem Lederzeug. Paul kommt sich vor wie bei der Kostümprobe im Theater. Dem Exerzieren im Gelände – immer vier und vier – kann er dagegen schon fast etwas abgewinnen. Nicht denken müssen, einfach nur das tun, was einem befohlen wird. Das ist neu für Paul, aber gar nicht so schwierig. Die immergleichen vaterländischen Sprüche des baumlangen Oberstleutnants brennen sich in sein Gehirn ein.

Hauptsache nicht ins Feld. Und nur nicht den Humor verlieren.

Die Fußschmerzen machen ihm allerdings zu schaffen; Pauls Fersen sind schon ganz abgescheuert von den steifen Stiefeln. Doch davon wird nicht gesprochen. Denn letztlich hat er es hier wohl recht gut getroffen, das versichert ihm jedenfalls der Hauptmann: Geradezu rosig würden ihm diese Zeiten noch einmal

Mit feinen Strichelungen malt der
Künstler eine geisterhafte Traumwelt, die
auf den ersten Blick verwirrend erscheint.
Und ebenso fühlen sich die vielen durch-
sichtigen Gestalten angesichts des
Liegenden: Paul nennt sie »Die Ratlosen«.

vorkommen! Hauptsache nicht ins Feld. Und nur nicht den Humor verlieren.

Doch was würde Paul ohne Lilys Briefe machen? Die anderen scherzen schon, da kein Tag vergeht, ohne dass Post für ihn eintrifft. Und bald kann er nicht mehr nur von den schönen Worten zehren, sondern Lily ganz real in seine Arme schließen: Er hat ein Zimmer ganz in der Nähe des Quartiers gemietet, um hier mit Frau und Sohn ein paar frohe sonntägliche Stunden zu verbringen. Damit alles fast so scheint wie immer, lässt er sich seine Alltagskleidung mitbringen. Außerdem hat Lily Pauls Geige, ein paar Bücher, Zeichenstifte und den Aquarellkasten dabei – für kleine Fluchten, große Hoffnungen …

Und weiter geht es mit dem militärischen Alltagstrott. Man wird abgerichtet wie ein Tier, übt feindliche Schützen erkennen, ausschwärmen, scharfschießen, freihändig schießen, gefechtschießen, schießen im Stehen, Knien, Liegen, Kriechen. Der Leutnant erlaubt sich auch allerhand Späße. Damit der Alltag ja nicht fad wird, lässt er seine Kompanie bei Nacht und Nebel am Bahndamm antreten und befeuern. Glücklicherweise daneben. Was hier Spiel sein soll, ist anderswo Ernst: Die neuen Helme kommen aus dem Feld, den Toten abgenommen, den Lebenden wieder aufgesetzt. Man gewöhnt sich an alles.

Nur nicht aufgeben

»Meine geliebte Lily! Wir sind hier. Vorläufig im Maxgymnasium, zweites Reserve-Infanterieregiment, erste Ersatzkompanie. Die andern liegen im Großen Wirt, wir im Turnsaal des Maxgymasiums. Es ist über all dem Warten einhalb fünf Uhr geworden, und erst ganz langsam beginnt das Einkleiden. Die Landshuter Lumpen gegen graue Halblumpen umgetauscht. Kann also noch lang gehen, bis ich drankomme. Daher nicht wahrscheinlich, Euch heute noch zu sehen. Auswärts schlafen gewährt als Vergünstigung erst der Kompaniechef. Bis dahin Geduld! Das Quartier ist praktisch und geräumig. Abwarten, abwarten, abwarten«, schreibt Paul einige Monate später.

Er wird nach München versetzt, wo alles ein bisschen anders ist als in Landshut, aber irgendwie doch genauso. Wieder Schieß-übungen, nur etwas genauer; wieder Gefechtsübungen, nur etwas ernsthafter; wieder Reisemärsche, doch etwas strenger, Dutzende blieben am Wegesrand zurück. Einen herausragenden Vorteil hat der Standortwechsel allerdings – Paul kann seine freie Zeit jetzt zu Hause bei Lily und Felix verbringen.

Und in einem weiteren Punkt zeigt sich, dass Paul nun nicht mehr in der Provinz festsitzt: Seine Bekanntheit hat sich herum-gesprochen. Der Kammerunteroffizier ist Mitglied im Kunstver-ein und meint in ihm sofort den Künstler erkannt zu haben, noch bevor er seinen Namen wusste. Nun zieht man den Hut, besser gesagt, den Helm vor Paul, und räumt ihm verschiedene Ver-günstigungen ein.

Wieder eine neue Graumontur, noch dazu neue Arbeit: Paul lackiert jetzt Wandtafel-gestelle bunt und lasiert Flugmaschinen wieder schick.

Doch kaum hat er sich an diese Situation gewöhnt, folgt die nächste rätselhafte Versetzung: in die Fliegerersatzabteilung nach Schleißheim. »Sans' froh, dass S' von dere windigen Infanterie wegkommen … Grüß Gott, Klee, lassen's sich's gutgehn!!«

Was Paul nicht weiß: Das Abkommandieren nach Schleiß-heim ist Lily zu verdanken; sie hatte wirklich alles in Bewegung gesetzt, um ihm die Versetzung an die Front zu ersparen. Und da schon einige begabte Münchner Künstler gefallen sind, wird Paul tatsächlich geschont.

**Paul in nachdenklicher Pose. Kunst soll
für ihn nicht das Sichtbare wiedergeben,
sondern sichtbar machen.**

Wieder eine neue Graumontur, noch dazu neue Arbeit: Paul lackiert jetzt Wandtafelgestelle bunt und lasiert Flugmaschinen wieder schick. Außerdem begleitet er Flugzeugtransporte, die B.F.W. 3045/16 oder die 3053/16 mit Ersatzteilen, sitzt mit Proviant beladen in Güterzügen nach Köln, Hannover, Königsberg, Brüssel und Cuxhaven, kommt durch herrliche Landschaften mit Flüssen und Terrassenfeldern, durch Dörfer, Städte, schneebedeckte Berge, vorbei an weißen Kühen, schwarzen Schafen und gescheckten Pferden. Paul beobachtet, wie es Tag und tiefschwarze Nacht wird, wie der Regen an die Fensterscheibe peitscht.

Nach ungezählten Tagen und Nächten im Packwagen oder auf harten Holzbänken in kalten Bahnhofswartesälen erreicht Paul Cuxhaven. An der Nordsee empfindet Paul die Natur als Spiegel des Zustands der Welt: das dunkle, unheimliche Meer, der einsame Leuchtturm, der verheerende Sturm, der nichts anderes als Katastrophen bringen kann. Er hat Angst.

1917 folgt die nächste militärische Überraschung: Paul wird schon wieder versetzt. Man ernennt ihn zum Obermaler in der neu gegründeten Fliegerschule 5 in Gersthofen, eine verlassene Gegend nahe Augsburg. Paul trauert ein wenig um seine Transportabenteuer und fügt sich seinem Schicksal – was bleibt ihm auch anderes übrig? Trocken konstatiert er, dass die Unterwerfung schon ganz gewohnheitsmäßig vonstatten geht – neuerdings in der Kassenverwaltung, in die er als Schreiber, Zahlmeister und Wirtschaftsbuchführer berufen wird.

Hier sitzt Paul immerhin im Warmen und Trockenen. Wenn zwischendrin aus den Offiziersräumen sanfte Klavierklänge ertönen, macht sein Herz einen Sprung, seine Gedanken beginnen zu fliegen, hinaus aus dem offenen Fenster der Kassenverwaltung … Aber nein, still halten, rechnen, unmusikalisch sein. Wenigstens bleibt ihm Zeit zum heimlichen Malen (Abb. S. 6) und Schreiben in der Schreibtischschublade:

»Einst dem Grau der Nacht enttaucht
Dann schwer und teuer
und stark vom Feuer
Abends voll von Gott und gebeugt
Nun ätherlings vom Blau umschauert
entschwebt über Firnen
zu klugen Gestirnen.«

Paul findet Zuflucht in seinem Inneren. Die Glut muss immer wieder angefacht werden, damit sie nicht erlöscht, bis diese große europäische Krankheit vorüber ist.

Endlich

Deutschland hat den Krieg verloren. Der monarchische Staat zerfällt ohne großartige Gegenwehr. Am 9. November 1918 wird die Republik ausgerufen und Paul wenige Tage später aus dem Dienst entlassen. Im Dezember kehrt er im Feldgraukostüm nach München zurück.

An der Haustür fallen sich Paul und Lily wortlos in die Arme. Sie halten sich fest, bis Felix aus der Küche in den Flur gestürmt kommt und aufgeregt von einem Fuß auf den anderen hüpft: »Papa, Papa, ich darf nicht ins Musikzimmer, dabei will ich doch nur ganz kurz einen Blick auf die Geschenke werfen. Bitte, bitte, ich pack sie auch nicht aus, ehrlich!« Paul wird ganz warm ums Herz. Wie lange hat er auf diesen Moment gewartet.

> **Paul wird ganz warm ums Herz. Wie lange hat er auf diesen Moment gewartet.**

Das Weihnachtsfest verläuft heiter. Felix will seinem Vater gar nicht mehr von der Seite weichen. Und Lily, Lily sitzt strahlend am Flügel und spielt alles, was Paul sich wünscht. Als ihr kleiner Sohn auf dem Sofa eingeschlafen ist, holt auch Paul vorsichtig seine Geige hervor und spielt gemeinsam mit Lily Sonaten bis tief in die Nacht hinein. Unterdessen rollt sich Kater Fritzi auf dem Sofa zusammen und bekennt laut schnurrend sein Einvernehmen mit Pauls wiedergewonnener Freiheit.

Jetzt, wo der Krieg zu Ende ist, kann Paul endlich all seine Ideen in die Tat umsetzen. Was sich da in den letzten Jahren angestaut hat! Ein eigener Raum muss her, der nur für die Kunst reserviert ist und in dem er von morgens bis abends zeichnen und malen kann, was ihm gerade einfällt. Paul mietet kurz entschlossen ein Atelier im Schwabinger

> **Jetzt, wo der Krieg zu Ende ist, kann Paul endlich all seine Ideen in die Tat umsetzen.**

Schlösschen Suresnes, das zwar etwas heruntergekommen, aber ausgesprochen idyllisch ist und für seine Zwecke bestens geeignet. Allein die Ruhe, wenn er aus dem Fenster schaut – rundherum nur Bäume und Himmel!

Paul überlegt, ob es wohl richtig ist, sich im Atelier zu verkriechen, während es »draußen« immer wieder zu heftigen gewalttätigen Auseinandersetzungen zwischen rechts- und linksradikalen Gruppen kommt. Ist er als Künstler nicht verpflichtet, sich auch politisch zu engagieren?

Nachdenklich wendet er sich vom Fenster ab und setzt sich an den Ateliertisch. Sein Blick fällt in den an die Wand gelehnten Spiegel. Gedankenverloren greift Paul ein mit Ölfarbe bestrichenes Blatt, legt es mit der Farbseite nach unten auf ein Stück Papier und zeichnet darauf mit wenigen Strichen, was er im Spiegel sieht: einen Mann, dessen linke Hand einen Zeichenstift hält und dessen rechte Hand den Kopf stützt. Er nimmt das Ölfarbeblatt hoch, um sich die durchgepauste Zeichnung (Abb. S. 58) anzusehen. Paul ist auf dem Bild nicht wirklich zu erkennen. Vielmehr zeigt es einen Künstler, wie Paul ihn sich vorstellt: den Blick nach innen gerichtet und in Gedanken vertieft. Ja, denkt er bei sich, der Künstler darf sich aus dem Weltgeschehen heraushalten, um sich ganz seiner Kunst zu widmen.

Sein Blick fällt wieder aus dem Fenster. Wie der Baum in der Natur verwurzelt ist und seine Nahrung aus der Erde bezieht, ist auch der Künstler mit seiner Umwelt verbunden und lässt sich von den Dingen des Lebens inspirieren. Der Baum wächst und bildet eine Baumkrone mit vielen sich verzweigenden Ästen aus, während der Künstler den Dingen nachspürt, abwägt und daraus ebenso etwas Neues schafft.

Paul schafft viel Neues in diesem ersten Jahr nach dem Krieg. Nach langer Zeit traut er sich endlich wieder mit Ölfarben zu experimentieren. Das Malen mit Öl ist ganz anders als mit Aquarellfarben, denn der Pinselstrich selbst wird zum eigentlichen Gestaltungsmittel. Paul zieht mal dicke und mal dünne Striche, malt auf Papier und Karton, dann wieder auf Textilien. Fast fünfzig Ölgemälde entstehen 1919 – mehr als in seinem ganzen Leben zuvor.

> **Fast fünfzig Ölgemälde entstehen 1919 – mehr als in seinem ganzen Leben zuvor.**

Neben der Malerei genießt Paul natürlich auch sein wiedererlangtes Familienglück. Besonders die Sommerzeit, herrlich! Tagtäglich tut er so, als müsse Felix ihn zum Besuch des Würmbads überreden. Dabei fiele ihm bei strahlendem Sonnenschein gar nichts Besseres ein, als sich mit den anderen Badegästen auf der Liegewiese zu tummeln. Kaum haben sie ein schönes Plätzchen gefunden und ihre Handtücher ausgebreitet, rennen Vater und Sohn schon um die Wette in Richtung Fluten. Erster! Felix stürzt sich ins Wasser, Paul taucht hinterher, um seinen Sohn dann am Fuß zu packen und in kräftigen Zügen an ihm vorbeizukraulen. Wenn die beiden Glück haben, ist Lily in der Zwischenzeit gekommen und hat einen Picknickkorb mitgebracht, über den sie

1920 91

Eine engelhafte Figur mit großem roten Herz schwebt durch das Bild und bringt auf einem Tablett »das Gewünschte«. Dreht man das Bild allerdings um neunzig Grad nach links, wird aus dem Engel eine Kranke, die selbst der Zuwendung bedarf.

sich hermachen, als hätten sie die Weltmeere durchschwommen.

Am meisten genießen die drei jedoch die Sommerferien in Possenhofen, in einer gemieteten Ferienwohnung direkt am Starnberger See bei Fischermeister Gebhardt. Hier zeigt sich eine weitere, heimliche Leidenschaft Pauls: Stundenlang sitzt er glücklich und zufrieden mit seiner Angelrute am Ufer, ohne auch nur ein Fünkchen Ungeduld zu verspüren. Das ist Frieden.

Paul hat ein großes Talent, aus der Angelei regelrechte Abenteuer werden zu lassen. Letztens bissen die Fische so gut an, dass er kaum hinterher kam. Einen Eitel nach dem anderen holte er aus dem Wasser, während sich immer mehr Neugierige um ihn herum versammelten. Pauls Stimmung steigerte sich mit jedem Beutefang, und in seinem Überschwang zog er so kräftig an der Angel, dass der nächste Eitel zum Vergnügen der Anwesenden im hohen Bogen auf einem Tannenwipfel landete!

Wenn Paul nicht gerade fliegende Fische angelt, sammelt er seine Beute im Eimer und trägt sie in die Ferienwohnung, wo Kater Fritzi schon sehnsüchtig wartet. Jede noch so kleine Bewegung von Paul wird nun genauestens verfolgt: wenn er die Fische wäscht, entschuppt und ausnimmt, um sie anschließend in die Pfanne zu werfen.

Bei gutem Wetter verbringen Paul, Lily und Felix den Abend auf dem Balkon, während Fritzi sich über die Reste des Abendessens hermacht und schließlich seinem Nachtisch, einem Nachtfalter, hinterherjagt. Bei schlechtem Wetter sitzen sie gemeinsam in der ofengeheizten Wohnstube, bewundern die während eines Spaziergangs gesammelten Orchideen oder amüsieren sich, wie sie tags zuvor über den Balkon geflüchtet sind, während an der Haustür Besuch aus München klingelte.

Vom Meister zum Professor

Paul gibt sein Wissen weiter – er ist inzwischen ein anerkannter Künstler.

Im Jahr 1920 nennt Paul eines seiner Bilder »Engel bringt das Gewünschte« (Abb. S. 63). Es scheint ein wahres Glücksjahr zu werden! Nicht nur, dass seine Ausstellungen großes Aufsehen erregen und zahlreiche Bücher über ihn erscheinen, auch ein überraschendes Telegramm erreicht Paul: »Lieber, verehrter Paul Klee. Wir lassen einstimmig den Ruf an Sie ergehen, zu uns als Maler ans Bauhaus zu kommen.«

Ein Jahr zuvor hatte der berühmte Architekt Walter Gropius die neue Hochschule für Gestaltung ins Leben gerufen. Lyonel Feininger, Oskar Schlemmer, Johannes Itten – einen herausragenden Kunstrevolutionär nach dem anderen lockt der Direktor in die Thüringer Kleinstadt. Große deutsche Persönlichkeiten haben hier in den vergangenen Jahrhunderten bereits gewirkt: Johann Sebastian Bach, dessen Violinsonaten Paul so liebt, der Philosoph Friedrich Nietzsche und vor allem die Literaten Wieland, Schiller, Herder und Goethe.

Gropius ist ein Architekt mit Visionen. Modernste Bauwerke sieht er die Bauhäusler entwerfen! Doch nicht nur Architektur und Räume, auch Möbel, Lampen und Tapeten, die komplette

Inneneinrichtung soll neu erfunden werden, und zwar schön und schlicht gestaltet, zweckmäßig im Gebrauch und nicht zuletzt preiswert herzustellen.

Paul nennt Walter Gropius insgeheim den »Silberprinzen«. Er ist ein feiner, aristokratisch wirkender Mann, stets geschmackvoll gekleidet, die dunklen Haare perfekt frisiert und zurückgekämmt. Ein Mann voller Tatendrang und Überzeugungskraft, für den das Bauhaus viel mehr ist als eine Schule: Gropius will das gesamte gesellschaftliche Leben nach dem Krieg neu gestalten.

Als Paul im Januar 1921 als Lehrer in das Bauhaus eintritt, sind bereits eine ganze Reihe von Werkstätten entstanden: eine Druckerei, eine Tischlerei, eine Töpferei und eine Weberei, die Holz- und Steinbildhauerei, die Buchbinderei, die Gold-Silber-Kupfer-Schmiede und die Werkstatt für Wand- und Glasmalerei. Nach der künstlerischen Grundausbildung sollen die Studenten hier einen Beruf ihrer Wahl erlernen und ihr Studium nach drei Jahren mit einem staatlichen Handwerksexamen abschließen. Kunst und Handwerk will man am Bauhaus vereinen.

Paul leitet zunächst die Buchbinderei, später dann die Werkstatt für Glasmalerei und die Weberei, und ist für den theoretischen Unterricht verantwortlich. Ein Mann vom Fach steht ihm zur Seite, der die Studenten am Nachmittag bei der praktischen Umsetzung anleitet.

Die Studenten kommen in Scharen, angezogen von dem Ziel, sich durch das Handwerk zu schöpferischen Künstlern heranbilden zu lassen. Besonders in Deutschland suchen die jungen Leute nach dem verlorenen Krieg eine neue Perspektive. Von den über hundert Studierenden, die sich 1920 am Bauhaus einschreiben, sind die Hälfte Frauen – einige Jahre zuvor wäre das an einer Kunsthochschule noch undenkbar gewesen!

»Von Null anfangen« – dieser Leitspruch des Bauhauses klingt wie Musik in den Ohren der jungen Enthusiasten. Vor allem,

Aus geometrischen Formen schafft Paul
eine Landschaft mit Bäumen, und mitten-
drin malt er ein Kamel: mit Dreiecken für
Ohren und Höcker, Kreisen für die Augen
und vier Streifen für die Beine.

Der Zauberer im Malerkittel in seinem Atelier in Weimar, 1924

wenn der Neuanfang so ungewöhnlich verläuft. Selbst die Kantine nimmt die Devise ernst: Ihre neueste Diät besteht aus rohem Gemüsemus – mit ordentlich Knoblauch, damit der Brei überhaupt nach irgendwas schmeckt …

Paul ist nun also Lehrer. Was er vorher intuitiv geschaffen hat, muss jetzt genau durchdacht werden, damit er es seiner Klasse erklären kann. Der Punkt. Die Linie. Die Fläche. Die Farbe. Über dreitausend Blätter füllt Paul in den nächsten Jahren mit seiner Kunstlehre.

Wenn der Meister geduldig doziert, lauschen seine Schüler wie gebannt. Kein Wunder, weiß er doch, wie er ihnen den Lehrstoff schmackhaft machen kann. Bewegung im Bild darstellen? Sie werden sich doch bestimmt daran erinnern, wie sie früher mit selbstgebauten Gummischleudern Bewegung ins Leben gebracht haben! Mit ein paar hingeworfenen Linien und Pfeilen bringt Paul seine Gedanken an die Tafel. Auch in der Kunst geht es schließlich darum, Bildern Leben einzuhauchen.

Wer hätte gedacht, dass der ansonsten recht wortkarge Künstler ein so talentierter Pädagoge ist. Und wer hätte vermutet, dass aus dem einst so verträumten Schüler ein gewissenhafter Lehrer wird: »Die Vorlesung ging gestern ganz glatt, ich war wieder aufs letzte Wort präpariert, brauchte dann nicht zu befürchten, etwas nicht ganz Verantwortliches zu sagen«, schreibt er an Lily.

Nicht nur die Studenten, auch Paul empfindet die Unterrichtsstunden als ausgesprochen anregend für seine Arbeit. In seinem Atelier im zweiten Stock des Werkstattgebäudes warten stets mehrere Werke gleichzeitig auf ihre Vollendung. »Hier im Atelier male ich an einem halben Dutzend Gemälden und zeichne und denke über meinen Kurs nach«, notiert Paul in sein Tagebuch,

> **Wer hätte gedacht, dass der ansonsten recht wortkarge Künstler ein so talentierter Pädagoge ist.**

Mit ein bisschen Farbzauberei ist aus dem
»Konzert auf dem Zweig« (Abb. S. 11)
eine bunte, kurbelbetriebene »Zwitscher-
Maschine« geworden.

»alles miteinander, denn es muss zusammen gehen, sonst ginge es überhaupt nicht«.

Stundenlang sitzt er scheinbar tatenlos in einer Ecke, starrt Löcher in die Leinwände und lässt in kurzen Abständen bläuliche Rauchwölkchen aus der Tabakpfeife aufsteigen. Dann plötzlich

Stundenlang sitzt er scheinbar tatenlos in einer Ecke, starrt Löcher in die Leinwände und lässt in kurzen Abständen bläuliche Rauchwölkchen aus der Tabakpfeife aufsteigen.

kommt der Geistesblitz, er springt auf, steuert schnurstracks auf eines der Bilder zu und unternimmt die nächsten Pinselstriche.

Wenn Paul vorher oft traumverlorene Landschaften malte, arbeitet er nun an Bildern mit bunten geometrischen Formen, um die Wirkung von Farben zu erproben (Abb. S. 78). Vielleicht lassen sich daraus Gesetze ableiten, die er seinen Studenten erklären kann?

Auf einer anderen Staffelei experimentiert er mit seiner selbst entwickelten Technik, der Ölfarbezeichnung. Ein Jahr zuvor hatte Paul mit Feder und Tusche vier seltsam drahtige Vogelwesen auf einem Ast gezeichnet. Er zieht das »Konzert auf dem Zweig« (Abb. S. 11) aus einem Stapel Bilder hervor und erinnert sich, was ihn damals auf die Idee gebracht hatte: ein Spielautomat in der Musikabteilung des Deutschen Museums in München. Mit einer Kurbel an diesem Automaten konnte man die Vögel in Bewegung versetzen – und prompt begannen sie zu flattern, öffneten ihre Schnäbel und zwitscherten in den verschiedensten Tonlagen.

Paul nimmt ein mit schwarzer Ölfarbe bestrichenes Zwischenblatt und paust die alte Zeichnung mit den singenden Vögeln auf eine neue Unterlage, malt ihnen statt eines Asts eine Spindel samt Kurbelwelle unter die Füße und schreibt

»Zwitscher-Maschine« (Abb. S. 70) in die obere rechte Ecke des Bildes. Schließlich zaubert er noch allerlei hellblaue und rosafarbene Flächen aufs Papier – und fertig ist das neue Farbblatt.

So manches in Pauls Atelier in der Dachkammer des Bauhauses erinnert an Zauberei. (Schließlich liegt der Kunst bei aller Lehre und allem Handwerk ja auch ein tiefes Geheimnis zugrunde …) Etwa der Geruch von Farben, Lacken und Spiritus, der mit Tabakrauch und Kaffeeduft eine eigentümliche Mischung eingeht. Überall stehen Farbtuben und Fläschchen mit bunten Pulvern herum, auf dem Fenstersims sind in Gläsern lange und kurze Pinsel aufgereiht, auf den Tischen liegen Spachteln, Zeichenfedern, Pinzetten und Messer aller Art. Dazwischen Tausende von anderen Dingen, die Pauls Fantasie anregen – Gräser, Moose, Muscheln, Steine, Schmetterlingsflügel, seltsam geformte Pflanzenwurzeln oder bunte Blätter, die ihm auf seinen täglichen Wanderungen durch den Ilmpark vor die Füße segeln.

Der Bauhaus-Buddha

Nachdem Paul das erste Jahr noch zwischen München und Weimar gependelt ist, wohnt er nun in einer wunderschön gelegenen Wohnung oberhalb des Ilmparks, gemeinsam mit Lily, Felix und Kater Fritzi. Jeden Morgen um acht wird der Park durchquert. Seit kurzem begleitet ihn Felix, der mittlerweile Schüler am Bauhaus ist. Paul deutet auf Blumen und Vögel und erfreut sich jeden Tag aufs Neue daran, wie sich die Ilm durch den Park schlängelt. Vor Goethes Gartenhaus am östlichen Hang macht er Halt, um mit schwingendem Spazierstock ein Gedicht des verehrten Dichters zu rezitieren:

»Übermütig sieht's nicht aus,
hohes Dach und niedres Haus.
Allen die daselbst verkehrt,
ward ein guter Mut beschert.

Schlanker Bäume grüner Flor,
Selbstgepflanzter, wuchs empor.
Geistig ging zugleich alldort
Schaffen, Hegen, Wachsen fort.
Dieser alte Weidenbaum
steht und wächst als wie im Traum.
Sah des Fürstendaches Gluten,
sieht der Ilme leises Fluten.«

Felix ist nun knapp vierzehn Jahre alt und arbeitet in der Tischlereiwerkstatt. Obwohl er damit jüngster Studierender am Bauhaus ist, finden seine Mitstudenten, er sei ja wohl doch schon ein bisschen zu alt, um sich noch immer für das Puppentheater zu begeistern. Felix stört das Gerede nicht im Geringsten. Endlich kann er für Pauls Puppen den gebührenden Rahmen schaffen: ein richtiges, frei stehendes Bühnenhäuschen, mit Beleuchtung, mehreren Bühnen und allem Drum und Dran. Felix' erste Vorstellung als Theaterdirektor, Regisseur und Figurenspieler ist der Höhepunkt der abendlichen Bauhausparty.

> **Felix' erste Vorstellung als Theaterdirektor, Regisseur und Figurenspieler ist der Höhepunkt der abendlichen Bauhausparty.**

Wahre Begeisterungsstürme erntet er! Besonders die Nichtbetroffenen klopfen sich auf die Schenkel, wenn er Lehrer und Schüler hintergründig porträtiert und Anekdoten aus dem Bauhaus zum Besten gibt.

Zum Beispiel die Meisterratssitzungen, auf denen es nicht selten hoch hergeht, wenn so verschiedene Persönlichkeiten und Interessen aufeinandertreffen. Während sich der »Breitohrclown« – unverkennbar der Maler Oskar Schlemmer – mit einigen anderen Puppen streitet, schwebt eine Figur mit gekreuzten Beinen hoch über dem Geschehen und beobachtet das Gezeter seelenruhig von einer Wolke aus. Die Figur hat große braune Augen, trägt Bart, Mütze und einen orientalisch anmutenden Umhang … ist das nicht der Stoff von Pauls ehemaligem Anzug? Als die Diskussion auf der Bühne ihren Höhepunkt erreicht, tönt es von oben: »Ohne Arbeit kein Knüllschnitt – ohne Knüllschnitt keine Freude am Tabak – ohne Tabak kein duftiges Qualmen.« Schallendes Gelächter im Publikum.

Paul schmunzelt. Natürlich hat er sich erkannt. Höchst selten verspürt er das Bedürfnis, vor versammelter Kollegenschaft seine Meinung zu verkünden. Lieber lauscht Paul, was die anderen zu sagen haben, um dann im Stillen abzuwägen, was zu tun ist. Schon so manches Mal hat der »Bauhaus-Buddha«, wie er respektvoll von Meistern und Schülern genannt wird, mit seiner ruhigen, humorvollen Art eine brenzlige Situation gerettet. Das letzte Mal – wie von Felix in Szene gesetzt –, indem er ohne mit der Wimper zu zucken den Werbetext seiner Tabakdose vorgelesen hat.

Lieber lauscht Paul, was die anderen zu sagen haben, um dann im Stillen abzuwägen, was zu tun ist.

Felix' Aufführung ist zu Ende, die Stühle werden beiseite geräumt, Zeit zu tanzen! Ausgestopfte Seidenpapierleichen hängen von der Decke – das Motto der heutigen Party: »Gespenster«. Die Bauhäusler waren wie immer kreativ: überall blinken elektrische Augen hinter wallenden Gewändern, und Fledermäuse flattern vorbei.

Während Schüler und Lehrer ausgelassen feiern, sucht sich Paul etwas abseits ein gemütliches Plätzchen. Immer mal wieder gesellt sich der eine oder andere Bauhäusler dazu, verwickelt ihn in ein Gespräch oder amüsiert sich einvernehmlich mit Paul über das wilde Völkchen.

Je später es wird, desto weniger hört man Paul sagen. Er lässt die Glut seiner Pfeife erlöschen und steckt sie schließlich in die

Während seiner Bauhauszeit experimentiert Paul mit geometrischen Formen und setzt die einzelnen, durch leuchtende Farben betonten Elemente zu einem Gesicht zusammen.

**Paul und Lily bei einem ihrer
ausgiebigen Spaziergänge in den Wäldern
von Dessau, 1933**

Jackentasche. Ihm ist ein Einfall gekommen, der unbedingt noch auf die Leinwand gebracht werden muss, bevor diese Nacht zu Ende geht.

Umzug nach Dessau

Fünf Jahre arbeitet Paul bereits am Bauhaus, als die schöpferische Zeit urplötzlich ein Ende hat. Eine erste Welle nationalsozialistischer Ideologie schwappt nach Weimar. Den Nazis sind die Ideen der Bauhäusler nicht geheuer. Sie streichen die finanziellen Zuschüsse und entziehen der Hochschule damit die Grundlage. Das Bauhaus Weimar muss seine Türen schließen.

Paul kennt sich mit Neuanfängen ja schon aus. Und diesmal ist es auch nur ein halber Neubeginn, denn das Energiebündel Gropius hat nichts unversucht gelassen, um seine Schule an einem anderen Ort weiterführen zu können. Sein Tatendrang wird belohnt: Noch im selben Jahr übernimmt das liberale Dessau das gesamte Bauhaus.

Pauls Pendelstrecke lautet von nun an Weimar–Dessau, bis er im Sommer 1926 in eines der Häuser ziehen kann, die extra für die Bauhausmeister geschaffen wurden: wie an einer Perlenschnur aufgereiht, weiße Flachdachbauten mit großen Glasflächen, die nicht nur in Dessau für Aufsehen sorgen. Je zwei Meister teilen sich ein Doppelhaus – Paul mit Wassily Kandinsky, László Moholo-Nagy mit Lyonel Feininger und Georg Muche mit Oskar Schlemmer.

> Den Nazis sind die Ideen der Bauhäusler nicht geheuer.

Natürlich ist in den mehrstöckigen Häusern auch Platz für Frauen und Kinder, für Lily und Felix. Und überhaupt, Paul empfindet das neue Wohnen samt Einbauschränken und großzügig geschnittenem Atelier als ungewohnten Luxus. Walter Gropius bewohnt ein Einzelhaus, schließlich ist er der Direktor. Neben

Als Lehrer am Staatlichen Bauhaus in
Weimar erforscht Paul systematisch die
Wirkung von Farben, unter anderem mit
einer Reihe bunter Quadratbilder.

den Meisterhäusern hat er auch das neue Schulgebäude mit Mensa, eigener Theaterbühne und Studentenunterkünften entworfen, das in der Architektur neue Maßstäbe setzt: ohne überflüssigen Schnickschnack, funktional, klar gestaltet und hell durch die verglaste Fassade des Werkstattbereichs.

Die Meisterhäuser liegen in einem kleinen Kiefernwäldchen, von wo aus Paul die Gegend in langen Wanderungen erkundet. Dessau selbst ist eine Industriestadt, doch die Umgebung hat einige Naturschönheiten zu bieten. Vor allem in den Landschaftspark Wörlitz hat er sich sofort verliebt.

Paul ist glücklich über die neue alte Gemeinschaft, die nun wie auf einer Insel beisammen lebt und sich gegenseitig zu großen Werken der Kunst und Architektur anspornt. Besonders freut ihn die Nachbarschaft zu Kandinsky, der gemeinsam mit ihm von

Fast fünfzehn Jahre nach Tunesien verwirklicht Paul dann endlich einen langgehegten Traum: Er reist erneut in den Orient.

Weimar nach Dessau gezogen ist. Wie lange hatte er seit dem Ausbruch des Krieges nach ihm geforscht! Und wie froh war er, als Kandinsky plötzlich mit seiner neuen Frau Nina aus Moskau und nichts weiter als einem Koffer in der Hand in Weimar auftauchte. Immer enger und intensiver wird der Kontakt. Man feiert Weihnachten und Silvester zusammen und grüßt tagtäglich freundlich über den Gartenzaun, ohne sich je zu stören.

So wohl sich Paul in der Gesellschaft der Bauhäusler auch fühlt, das Fernweh hat ihn nach seiner Tunesienreise nicht wieder losgelassen. Alljährlich zieht es ihn nach Frankreich und Italien, meistens mit Lily, manchmal auch mit Felix – Urlaube mit viel Sonne am Meer, die ihn regelrecht aufblühen und den Alltag vergessen lassen.

Fast fünfzehn Jahre nach Tunesien verwirklicht Paul dann endlich einen langgehegten Traum: Er reist erneut in den Orient. Diesmal heißt das Ziel Ägypten, wo er sich neue Impulse für seine Arbeit erhofft. Paul schlendert durch das Labyrinth der Straßen von Kairo, bewundert die Sphinx und die Pyramiden von Gizeh, besucht die Basare und Tempelanlagen von Luxor und Assuan: »Was ist diese ganze Zivilisation, ob gut oder schlecht, gegen dies Wasser, diesen Himmel, dieses Licht!«

Wieder zu Hause denkt Paul an die grenzenlose Weite der Wüste, die beeindruckenden steinernen Monumente und die geometrischen Formen der Architektur. In seinem Kopf beginnt es zu arbeiten: Blau für das Wasser des Nils, Erdfarben für seinen Schlamm, Gelb- und Orangetöne für die ägyptische Sonne … Eilig durchquert er sein Atelier und sucht die richtigen Tuben zusammen. Leuchtende Farben hat er vor Augen, ja, bunte Streifen wie die Felderparzellen am Nil sind sein neues Thema!

Wo bitte bleibt da der Glaube an die großen Visionen?

Während Paul ein farbiges Rechteck über das andere schichtet, machen sich seine Gedanken selbstständig. Viel zu wenig Zeit bleibt ihm im Moment für seine eigenen Bilder, so scheint es ihm jedenfalls bei der ganzen Unterrichtsvorbereitung. Und überhaupt ist die Situation am Weimarer Bauhaus gerade alles andere als erfreulich. »Man weiß nicht mehr, wozu man unterrichten soll, und auch das Malen will nicht mehr recht gehen«, gesteht Paul einem Freund.

Walter Gropius hat ganz überraschend gekündigt, um seine Energie in sein eigenes Architekturbüro zu stecken. Paul kann ihn gut verstehen, er hat schließlich selbst genug von dem ständigen Kampf um das Weiterbestehen der Schule. Auch in Dessau gewinnen die Nazis immer mehr an Einfluss.

Erinnerung an ferne Reisen: Unter der
Farbe des Hauptwegs und der vielen ver-
schlungenen Nebenwege scheinen Zeichen
und Symbole hindurch, wie sie Paul in
Ägypten gesehen hatte.

Von den Ideen des neuen Direktors Hannes Meyer ist Paul wenig begeistert. Wie auch, wenn der nur von »Funktionalität« und »Rationalisierung« redet und die Kunst allen Ernstes als entbehrlichen Luxus bezeichnet! Nutzlos fühlt sich Paul bei diesen Worten und sieht seine Aufgabe am Bauhaus grundsätzlich in Frage gestellt. Wo bitte bleibt da der Glaube an die großen Visionen?

Paul konzentriert sich wieder auf seine Leinwand. Das Bild ist fertig (Abb. S. 81). Ein Hauptweg und viele verschlungene Nebenwege. Er ist gespannt, wie das Leben weitergeht.

Nächste Station: Düsseldorf

Wenn Paul auch mit seiner eigenen Situation hadert –, die Entwicklung seines Sohnes beobachtet er mit Stolz und Freude. Nach erfolgreichem Abschluss seiner Ausbildung am Bauhaus hat Felix ein privates Musikstudium begonnen. Zwar ist auch sein malerisches Talent nach wie vor beachtlich, doch soll er wirklich als Sohn eines großen Künstlers mit eigenen Bildern an die Öffentlichkeit treten? Klar wird man da Vergleiche ziehen. Und bestimmt nicht immer zu seinem Vorteil.

Felix will nun also Opernregisseur werden – und mehr als nur Pauls Puppen tanzen lassen. Sein Vater ist einverstanden: »Gehscht du zum Theater!«

Auch Paul schlägt neue Wege ein. Man ernennt ihn, der inzwischen nicht nur in Fachkreisen ein bekannter Künstler ist, zum Professor an der Staatlichen Kunstakademie Düsseldorf. Bei den schwierigen Umständen in Dessau kommt ihm dieses Angebot von Akademiedirektor Kaesbach sehr gelegen.

Und wieder pendelt er im vierzehntägigen Rhythmus zwischen zwei Städten – für Paul ein durchaus inspirierender Zustand. Verweilt er in Dessau, freut er sich auf seine unfertigen Bilder in Düsseldorf, und in seinem Atelier im Düsseldorfer Akademiegebäude überlegt er sich, wie er die begonnenen Werke in Dessau zu Ende bringen könnte.

An der Kunstakademie schart sich eine kleine Gruppe Studenten um Paul, die er in ihrer malerischen Entwicklung begleiten wird. Professor Paul Klee gestaltet seinen Unterricht gern zwanglos. Er verzichtet nun auf allen theoretischen Ballast und

Professor Paul Klee gestaltet seinen Unterricht gern zwanglos. Er verzichtet nun auf allen theoretischen Ballast und versammelt die Studenten um ihre selbst gemalten Bilder.

versammelt die Studenten um ihre selbst gemalten Bilder. Dann wird gemeinsam diskutiert, analysiert und überlegt, was man an dieser Stelle anders oder an jener Stelle hätte besser machen können. Im Anschluss werden Zigaretten getauscht und in gemütlicher Runde da weiter philosophiert, wo man vorhin unterbrochen wurde.

Überhaupt gefällt Paul das Leben in der gepflegten Rheinmetropole ausgesprochen gut. Zumal er hier regelmäßig Besuch von Felix bekommt, der eine Stelle als Regisseur am Düsseldorfer Stadttheater angenommen hat. Felix kommt stets in Begleitung seiner Frau Euphrosine – Paul kann es gar nicht fassen, dass sein »kleiner« Sohn schon verheiratet ist! Lebhaft erinnert er sich an die Hochzeit in Basel. Natürlich hatte er es sich nicht nehmen lassen, gemeinsam mit Lily als Trauzeuge dabei zu sein. Gleich sechs Paare auf einmal wurden im Basler Domhof getraut, wohl um dem stotternden Standesbeamten einige Worte zu ersparen – und den Beteiligten allzu feierliche Ernsthaftigkeit. Allein bei dem Gedanken an diese Veranstaltung muss Paul laut lachen!

Paul freut sich, Felix und Euphrosine in seiner Nähe zu wissen. Fast täglich kommen sie im Atelier vorbei und der Meister

Das Erklimmen eines Berges ist wie das Erreichen eines Zieles oft mit viel Mühe verbunden. Nach Tausenden kleinen gesetzten Punkten ist Pauls Meisterwerk fertig: »Ad Parnassum«.

öffnet auf das verabredete Klopfzeichen. Er mag das fröhliche Wesen seiner Schwiegertochter, eine Sängerin aus Bulgarien, die Felix am Theater kennen gelernt hat. Gerade bewundert sie Pauls neueste Arbeit (Abb. S. 84–85). Das lichterfüllte Atelier mit den riesigen Fensterfronten zu allen Seiten hat ihm Lust auf Farbe gemacht. Er experimentiert mit einer heiteren Pünktchentechnik, dem Pointillismus, der fünfzig Jahre zuvor von französischen Künstlern erfunden wurde. Nach unendlich viel Kleinarbeit sieht das Bild mit den winzigen Pinseltupfern aus, findet Euphrosine, wie ein Mosaik aus tausend Steinchen. Paul erklärt ihr, dass er die Leinwand zunächst mit verschiedenen Farben bemalt habe, um darauf mit einem extra angefertigten Stempel Deckweißpunkte zu setzen. Anschließend habe er auf die kleinen Stempelabdrücke Farbe aufgetragen – Gelb, Orange, Blau und Grün, ganz dünn, damit das Weiß noch durchscheint und die Farben daher so kräftig leuchten. Euphrosine kann sich gar nicht satt sehen an dem Bild, das Paul »Ad Parnassum« nennt. Der Titel lässt sie an den mythischen Berg Parnass in Griechenland denken, der als Sitz der

Er experimentiert mit einer heiteren Pünktchentechnik, dem Pointillismus, der fünfzig Jahre zuvor von französischen Künstlern erfunden wurde.

Musen gilt. Aber irgendwie erinnert das Bild auch an eine Pyramide – hat Felix nicht erzählt, dass sein Vater vor ein paar Jahren in Ägypten war? Und über der Pyramide brennt die Sonne – schon allein bei dem Anblick wird ihr ganz warm.

Während Euphrosine noch in das Bild vertieft ist und Felix von seiner letzten Opernaufführung berichtet, bereitet Paul auf zwei Spirituskochern das Essen vor. Jeden Morgen geht er auf den nahe gelegenen Markt und kauft ein. Mal gibt es Hammelkeulen mit provenzalischen Kräutern, mal frischen Fisch und immer wieder eine Art Risotto mit Tomaten, Felix' Leibgericht und Pauls absolute Spezialität. Danach wird türkischer Mokka serviert, den Paul so sehr liebt, dass er selbst den Kaffeesatz noch restlos auslöffelt.

Das Jahr 1933 fängt nicht gut an für Paul:
erst die Hausdurchsuchung, dann die
Entlassung aus der Düsseldorfer Akademie. In dieser Zeit entsteht das düstere
Bild »Geheim Richter«.

Maulwurfszeiten

Tief getroffen verlässt Paul Deutschland. Er wird nicht mehr zurückkehren.

Über Deutschland ziehen unterdessen dunkle politische Wolken auf, doch Paul lässt sich nicht aus der Ruhe bringen. »Über die Wahlen kann man natürlich nur den Kopf schütteln«, schreibt Paul an Lily, »aber Schwarzsehen liegt mir einmal nicht.«

Die gewaltigen Fackelzüge der Nationalsozialisten, die in der Nacht des 30. Januar 1933 durch Düsseldorf und andere deutsche Städte ziehen, nimmt Paul skeptisch, doch mit Gelassenheit zur Kenntnis. Die Nazis haben die Macht übernommen, und Paul geht wie gewohnt seiner Arbeit nach, als sei nichts geschehen. Erst als auf dem Düsseldorfer Akademiegebäude die Hakenkreuzfahne flattert und sich ein überzeugter Nazi Direktor nennt, meidet er seinen geliebten Arbeitsraum. So langsam wird ihm klar, was es bedeutet, dass Adolf Hitler als Diktator Deutschland regiert.

Auch in Dessau findet Paul keinen Frieden mehr. Als die SA jedes einzelne Zimmer seines Hauses auf den Kopf stellt, um nach politisch verdächtigen Bildern zu suchen und seine gesamten Briefe zu beschlagnahmen, flüchtet er für kurze Zeit in die Schweiz.

**Paul und Lily mit Kater Bimbo vor ihrer
Wohnung im Kistlerweg 6 in Bern, 1935**

Es dauert nicht lange, und Professor Paul Klee ist mit sofortiger Wirkung aus der Düsseldorfer Akademie entlassen.

»Der große Klee«, heißt es in der Presse, »erzählt jedem, er habe arabisches Vollblut in sich, ist aber typischer galizischer Jude. Er malt immer toller, er blufft und verblüfft, seine Schüler reißen Augen und Maul auf, eine neue, noch unerhörte Kunst zieht in

> **»Wenn es auch wahr wäre, dass ich Jude bin oder aus Galizien stamme, so würde dadurch an dem Wert meiner Person und meiner Leistung nicht ein Jota geändert.«**

das Rheinland ein.« Obwohl Paul einen sogenannten Ariernachweis vorgelegt hat, beschimpfen ihn die Zeitungen weiterhin als »bolschewistischen Ostjuden« und »gefährlichen Kulturbolschewisten«.

»Von mir aus etwas gegen so plumpe Anwürfe zu unternehmen, scheint mir unwürdig«, vertraut Paul seinem Tagebuch an. »Denn: wenn es auch wahr wäre, dass ich Jude bin oder aus Galizien stamme, so würde dadurch an dem Wert meiner Person und meiner Leistung nicht ein Jota geändert. Diesen meinen persönlichen Standpunkt, der meint, dass ein Jude und ein Ausländer an sich nicht minderwertiger ist als ein Deutscher oder ein Inländer, darf ich von mir aus nicht verlassen …«

Paul lehnt es ab, sich weiter gegen die haltlosen Vorwürfe zu verteidigen. Seine Bilder verändern sich. Er malt einen düsteren »Geheim Richter« (Abb. S. 88), der den Betrachter mit bedrohlichen Augen anschaut. Er erfindet Marionettenfiguren, die auf satirische Weise das Fremdbestimmtsein thematisieren. Und er malt ein Selbstporträt mit heruntergezogenen Mundwinkeln und verschlossenen Augen, auf dem ein dickes schwarzes Kreuz prangt:

»Von der Liste gestrichen« (Abb. S. 93), nennt Paul das Bild. Seine Arbeit ist in Deutschland nicht mehr erwünscht.

Im Exil

»Wann kommen nur endlich die Franzosen über den Rhein und befreien uns von dieser Pest!« Lily ist verzweifelt. Sanft, aber beharrlich drängt sie zur Ausreise in die Schweiz, doch Paul tut sich sichtlich schwer mit dieser Entscheidung. Natürlich haben ihn die Anfeindungen aus Deutschland tief getroffen, doch schließlich lebt er bereits seit seiner Studienzeit in München …

Lily will von seinen Einwänden nichts wissen. »In diesem Land hast du nichts mehr zu suchen«, erklärt sie bestimmt. Als die SA im selben Moment grölend am Haus vorüberzieht, springt Kater Bimbo, Pauls »weiser Mao«, fauchend vom Tisch. Paul blickt ihm gedankenverloren nach und denkt: Er hat ja so Recht.

»Ich bin jetzt ausgeräumt«, schreibt Paul in einem letzten Brief aus Deutschland an Felix und Euphrosine. »Morgen Abend verlasse ich wahrscheinlich diesen Ort. Es kommen dann die schönen Weihnachtstage, wo in jedem Kindskopf Glocken läuten. Ich bin in den letzten Wochen etwas älter geworden. Aber ich will nichts von Galle aufkommen lassen, oder nur humorvoll dosierte Galle. Das gibt's bei Männern leicht. Frauen pflegen in solchen Fällen der Tränen …«

Paul und Lily kehren zunächst nach Bern in Pauls Elternhaus zurück. Ida ist inzwischen verstorben, doch Mathilde und Hans leben noch immer in dem kleinen Haus, in dem Paul seine Kindheit verbracht hat. »Wir versuchen nach vorn zu blicken«, schreibt Paul, »haben uns auch so weit gefunden, dass es gelingen wird, das Zurückliegende als Geschehen oder als Stück unserer Geschichte zu notieren, es aus dem Bereich unseres Tuns zu eliminieren.«

Ein halbes Jahr später ist eine kleine Mietwohnung am Stadtrand von Bern gefunden, mit Schafzimmer, Musikzimmer und

Mit gedämpften Farben malt Paul ein
Gesicht, aus dem Niedergeschlagenheit
und Zukunftsangst sprechen. Gerade hat
er in Deutschland Berufsverbot erhalten.
Er ist als Künstler »von der Liste
gestrichen«, wie er sein Bild nennt.

**Während das Geschehen in Deutschland
immer unbegreiflicher wird, vergräbt sich
Paul in seinem Atelier in Bern.**

improvisiertem Atelier mit Balkon, von dem aus man die schnee-
bedeckten Berge sehen kann. Im Gästezimmer stapeln sich unzählige Bilder, viele davon ehemalige Leihgaben an deutsche Museen
und Galerien, die er in der Zwischenzeit zurückgefordert hat.
Paul ist in all den Jahren anspruchslos geblieben; ihm gefällt das
einfache Leben.

Die Wohnung im Kistlerweg 6 wird zum Lebensmittelpunkt.
Endlich kann Paul wieder in Ruhe den ganzen Tag arbeiten. Wie
recht Lily doch hatte, ihn zur Flucht aus Deutschland zu drängen.
Nie wieder will er dieses Land betreten, wo den »entarteten«
Künstlern inzwischen das Malen verboten ist.

Im Herbst 1935 wird Paul krank. Die Ärzte vermuten
zunächst Masern, doch tatsächlich handelt es sich um die ersten
Anzeichen einer Hautkrankheit, Sklerodermie, von der sich Paul
nie wieder ganz erholen wird. Zwei Monate lang liegt er im Bett,
an Arbeit ist nicht zu denken. Lediglich fünfundzwanzig Werke
entstehen 1936, so wenige wie nie zuvor in einem Jahr. Geige
spielen darf Paul auch nicht mehr, und das gemütliche Pfeife-
schmauchen hat der Arzt ebenfalls verboten.

Zur Erholung halten sich Paul und Lily wochenlang im Wallis
und Tessin auf. Für Lily ist es ein wahres Wunder, dass sich Pauls

»Wenn die Freude zu leben heute manches Hindernis erfährt, so kann man sie vielleicht auf dem Umweg über die Arbeit rekonstruieren?«

Zustand wieder bessert. Und mehr als das: »die Produktion nimmt
ein gesteigertes Ausmaß in sehr gesteigertem Tempo an«, schreibt
Paul in einem Brief an seinen Sohn Felix. »Wenn die Freude zu
leben heute manches Hindernis erfährt, so kann man sie vielleicht
auf dem Umweg über die Arbeit rekonstruieren? Mir kommt das

so vor, und ich glaube, es glückt auch bis zu einem gewissen Grad. Da die Arbeit gute Zeiten haben kann, stellt sich manchmal eine Art Glück ein.«

Doch Paul spürt, dass seine Krankheit weiter fortschreitet, dass ihm nicht mehr viel Zeit bleibt. In aller Stille entsteht ein Bild nach dem anderen – rätselhafte, sehr persönliche Werke, die kaum jemand zu deuten weiß. Paul experimentiert mit verschiedenen Malgründen, verwendet mal Zeitungspapier, mal Jute, dann wieder Kistenholz. Die Bildformate wachsen ins Monumentale; die Farben, hergestellt nach Spezialrezepten, werden kräftiger; die Linie wächst zu dicken schwarzen Balken an. Oft sind nur noch wenige Striche, Zeichen und einfache Formen auf seinen Bildern zu sehen. Paul versucht sich auf das Wesentliche zu konzentrieren, alles Erlebte und Gewesene soll verdichtet werden.

Einmal malt er einen Menschen, dessen Körperteile wie bei einer Gliederpuppe in seine Einzelteile zerfallen sind. Das Gesicht drückt Entsetzen und Verzweiflung aus, Augen und Mund sind weit aufgerissen. »Angstausbruch III« (Abb. S. 97), verzeichnet Paul als Titel in sein Werkverzeichnis. Ein anderes Mal malt er

In aller Stille entsteht ein Bild nach dem anderen – rätselhafte, sehr persönliche Werke, die kaum jemand zu deuten weiß.

eine liegende Figur, die von vielen menschlichen Wesen umringt ist, die scheinbar nicht wissen, was zu tun ist. »Die Ratlosen« (Abb. S. 54–55), nennt Paul dieses in gedämpften Farben gemalte Bild, das eine gedrückte Stimmung vermittelt. Genauso fühlt sich Paul manchmal, wenn die verschiedenen Ärzte ihn untersuchen und jeder zu einer anderen Diagnose kommt.

Doch auch die späten Jahre haben viele verschiedene Gesichter, und neben allem Ernst spiegeln sich auch immer wieder

Dieser schreckliche Nationalsozialismus.
Paul malt eine Gestalt, die es buchstäb-
lich in Stücke zerrissen hat.

Zuversicht und Lebensfreude in seinen Bildern. Leben und Sterben, denkt Paul, das ist der Kreislauf des Lebens. »Der Tod ist nichts Schlimmes, damit habe ich mich längstens abgefunden. Weiß man denn, was wichtiger ist, das Leben jetzt oder das, was kommt?«

»Diesseitig bin ich gar nicht fassbar«

Während sich Paul in seinem Berner Atelier vergräbt, wird im benachbarten Deutschland eine gewaltige Ausstellung geplant,

Pauls Bilder sind in ihren Augen Werke eines Geisteskranken, die eine Gefahr für den »gesunden Verstand des deutschen Volkes« darstellen.

die durch verschiedene deutsche und österreichische Städte wandern soll. Siebzehn von Pauls Bildern sind darunter, die wie die Werke von Wassily Kandinsky, Franz Marc und anderen als »krankhafte Auswüchse irrsinniger und verkommener« Künstler verspottet und einer »gesunden« deutschen Kunst gegenübergestellt werden, die dem Ideal der Nationalsozialisten entspricht. Pauls Bilder sind in ihren Augen Werke eines Geisteskranken, die eine Gefahr für den »gesunden Verstand des deutschen Volkes« darstellen.

Auch die »Zwitscher-Maschine« (Abb. S. 70) wird in der Ausstellung »Entartete Kunst« in München, Berlin, Leipzig, Düsseldorf, Salzburg, Hamburg und Weimar gezeigt – absichtlich ohne Rahmen und noch dazu schief gehängt, damit die Besucher eine Abneigung, ja, regelrechten Hass auf Pauls Kunst entwickeln. Schließlich verkaufen die Nazis sein Ölfarbeblatt mit vielen anderen wertvollen Bildern ins Ausland, damit die »Verfallskunst endgültig der deutschen Öffentlichkeit entzogen wird«.

Der Erlös wird unter anderem für die Aufrüstung der deutschen Armee verwendet.

Rund 17 000 moderne Kunstwerke lassen die Nationalsozialisten aus deutschen Museen abhängen und beschlagnahmen. Ein großer Teil davon wird im März 1939 im Hof der Berliner Hauptfeuerwache verbrannt.

Paul lässt das alles nicht mehr an sich herankommen. Er zieht sich zurück, empfängt kaum noch Besucher. Auch wenn Lily kein Wort der Klage von ihm hört, leidet er unter starken körperlichen Schmerzen. Am 10. Mai 1940 verlässt er Bern, um im Sanatorium in Muralto-Locarno Erholung zu suchen. Auf seiner Staffelei steht ein Bild, das er gerade begonnen hat.

Sein Zustand verschlechtert sich nun täglich. Wenige Tage später reist Lily ihrem Mann unruhig und voller Sorge nach. Paul, der lieber sterben wollte, als einen zweiten Weltkrieg zu erleben, hält sein Versprechen.

Paul, der lieber sterben wollte, als einen zweiten Weltkrieg zu erleben, hält sein Versprechen.

Am Morgen des 29. Juni 1940 schläft er in eine andere Welt hinüber. Seine Urne wird auf dem Schlosshaldenfriedhof in Bern beigesetzt, und Lily lässt das Grab mit Rosen, Astern und Begonien bepflanzen.

Auf Pauls Grabstein finden sich die folgenden Worte, mit denen er sich einmal selbst beschrieben hat:

»Diesseitig bin ich gar nicht fassbar

Denn ich wohne grad so gut bei den Toten

wie bei den Ungeborenen

Etwas näher der Schöpfung als üblich

Und noch lange nicht nahe genug.«

Zeitleiste

Am 18. Dezember 1879 wird Paul Klee als Sohn eines deutschen Musiklehrers und einer schweizerischen Sängerin in Münchenbuchsee bei Bern geboren.

Die Familie zieht nach Bern, wo Paul bis 1889 das Literaturgymnasium besucht. Schon als Siebenjähriger beginnt er mit dem Geigenspiel.

Nach der Matura (so heißt in der Schweiz das Abitur) zieht Paul nach München. Hier studiert er zunächst Grafik bei Heinrich Knirr.

Im Oktober 1900 tritt Paul in die Malklasse von Franz von Stuck ein.

1879	1880	1889	1900

Thomas A. Edison erfindet die Glühbirne.

Der Kölner Dom wird vollendet.

Das Ausstellungsgebäude der »Wiener Secession« wird fertiggestellt.

Auf der Weltausstellung in Paris werden technische Errungenschaften wie der Dieselmotor, der Tonfilm und die Rolltreppe vorgestellt.

Zeichnen ist die Kunst, Striche spazieren zu führen. **Paul Klee**

Paul Klee reist mit seinem Studien- kollegen Hermann Haller nach Italien.

Paul reist nach Paris, wo er sich mit den Impressio- nisten vertraut macht.

Paul heiratet die Pianistin Lily Stumpf in Bern.

Lily und Paul bekommen einen Sohn, den sie Felix nennen.

| 1901 | 1905 | 1906 | 1907 |

Die Schriftstellerin Bertha von Suttner erhält als erste Frau den Friedens- nobelpreis.

In Dresden veran- staltet die expressio- nistische Künstler- vereinigung »Die Brücke« ihre erste Ausstellung.

❯❯ Meine Menschengesichter sind wahrer als die wirklichen. **Paul Klee**

Paul Klee wird von Walter Gropius an das Staatliche Bauhaus in Weimar berufen. Dort leitet er verschiedene Werkstätten, darunter die Buchbinderei und die Glasmalerei.

Zusammen mit seinen Künstlerfreunden August Macke und Louis Moillet reist Paul nach Tunesien.

Klee schließt sich der Künstlervereinigung »Der Blaue Reiter« an.

Im März 1916 wird Paul zum Militärdienst eingezogen.

| 1911 | 1914 | 1916 | 1920 |

Der Norweger Roald Amundsen erreicht als erster Mensch den Südpol.

Der Erste Weltkrieg beginnt.

Der Friedensvertrag von Versailles tritt in Kraft. Damit ist der Erste Weltkrieg offiziell beendet.

Paul gründet zusammen mit Wassily Kandinsky, Lyonel Feininger und Alexej von Jawlensky die Künstlervereinigung »Die Blaue Vier«.

Das Staatliche Bauhaus zieht von Weimar nach Dessau und Paul folgt mit seiner Familie. Die Klees ziehen in ein von Walter Gropius erbautes Haus, ihre Nachbarn sind die Kandinskys.

Ab 1928 widmet sich Paul vor allem seiner eigenen Malerei.

Paul wird an die Staatliche Kunstakademie Düsseldorf berufen.

1924	1926	1928	1931

Die Weltwirtschaftskrise, die 1929 in den USA begann, erreicht in Deutschland ihren Höhepunkt.

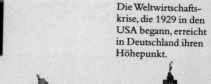

In Düsseldorf findet eine große Ausstellung mit 252 Werken von Paul Klee statt.

Die Nationalsozialisten entlassen Paul fristlos. Seine Bilder werden als »entartete Malerei« beschimpft. Im Dezember fliehen Paul und Lily vor den Nazis in die Schweiz.

Eine Retrospektive von Pauls Werken wird am 23. Februar 1935 in Bern eröffnet und anschließend in Basel und Luzern gezeigt. Im November erkrankt Paul an der damals unheilbaren Krankheit Sklerodermie.

Durch die Krankheit verhärtet sich Pauls Haut immer mehr, das Arbeiten fällt ihm schwer. 1936 malt er gerade einmal 25 Bilder – viel weniger als sonst.

| 1932 | 1933 | 1935 | 1936 |

Adolf Hitler wird zum Reichskanzler ernannt.

Die Nationalsozialisten erlassen die Nürnberger Rassengesetze.

> **Die Musik über alles lieben,
> heißt unglücklich zu sein.** Paul Klee

Pauls künstlerisches
Schaffen erlebt
noch einmal einen
Aufschwung. In
seinem Spätwerk ist
seine Krankheit oft
Thema.

Am 29. Juni 1940
stirbt Paul Klee. Er
wird auf dem Ber-
ner Schlosshalden-
friedhof beigesetzt.

Paul Klee wird
posthum die
schweizerische
Staatsbürgerschaft
verliehen. Obwohl
Paul in der Schweiz
aufgewachsen war,
waren seine Anträge
zu Lebzeiten abge-
lehnt worden.

| 1938 | 1939 | 1940 | 1942 |

In der Reichs-
pogromnacht am
9. Novemver 1938
zerstören National-
sozialisten jüdische
Wohnungen,
Geschäfte und
Synagogen. Viele
Juden werden
getötet.

Mit dem Angriff des
Deutschen Reiches
auf Polen beginnt
1939 der Zweite
Weltkrieg.

Die Kunstwerke in diesem Buch

S. 63
Engel bringt das Gewünschte, 1920, Lithografie in mehrfacher Auflage

S. 67
Kamel in rhythmischer Baumlandschaft, 1920, 43, Kunstsammlung Nordrhein-Westfalen, Düsseldorf

S. 70
Die Zwitscher-Maschine, 1922, 151, Museum of Modern Art, New York

S. 75
Senecio (Baldgreis), 1922, 181, Kunstmuseum Basel

S. 78
Architektur der Ebene, 1923, 113, Neue Nationalgalerie, Berlin
Foto: Zentrum Paul Klee, Bern

S. 81
Hauptweg und Nebenwege, 1929, Museum Ludwig, Köln

S. 84–85
Ad Parnassum, 1932, 274, Kunstmuseum Bern, Dauerleihgabe des Vereins der Freunde des Kunstmuseums Bern
Foto: Zentrum Paul Klee, Bern

S. 88
Geheim Richter, 1933, 463, Zentrum Paul Klee, Bern
Foto: Zentrum Paul Klee, Bern

S. 93
Von der Liste gestrichen, 1933, 424, Zentrum Paul Klee, Bern
Foto: Zentrum Paul Klee, Bern

S. 97
Angstausbruch III, 1939, 124, Zentrum Paul Klee, Bern
Foto: Zentrum Paul Klee, Bern

Die Nummern, die nach der Jahreszahl angegeben sind, entsprechen der von Klee in seinem Werkverzeichnis selbst vergebenen Nummerierung.

Die Fotos in diesem Buch

Auf dem Einband
Paul Klee in seinem Atelier, Bauhaus Weimar, 1922
Fotograf: Felix Klee
Zentrum Paul Klee, Bern, Schenkung Familie Klee
Copyright: Klee-Nachlassverwaltung, Bern

S. 14
Paul Klee, München, 1911
Fotograf: Alexander Eliasberg
Zentrum Paul Klee, Bern, Schenkung Familie Klee

S. 30
Paul und Lily Klee im Garten, Obstbergweg 6, Bern, September 1906
Fotograf: Unbekannt
Zentrum Paul Klee, Bern, Schenkung Familie Klee
Copyright: Klee-Nachlassverwaltung, Bern

S. 50
Paul Klee in der Korporalschaft der Landsturm-Kompanie, Landshut, 1916
Fotograf: Unbekannt
Zentrum Paul Klee, Bern, Schenkung Familie Klee
Copyright: Klee-Nachlassverwaltung, Bern

S. 68
Paul Klee in seinem Atelier, Bauhaus Weimar, 1924
Fotograf: Felix Klee (?)
Zentrum Paul Klee, Bern, Schenkung Familie Klee
Copyright: Klee-Nachlassverwaltung, Bern

S. 76
Paul und Lily Klee, Stresemannallee, Dessau, zwischen dem 6. u. 19.4.1933
Fotograf: Franz (Boby) Aichinger

S. 90
Paul und Lily Klee mit Katze Bimbo I, Kistlerweg 6, Bern, 1935
Fotograf: Fee Meisel
Zentrum Paul Klee, Bern, Schenkung Familie Klee

S. 94
Paul Klee in seinem Atelier, Kistlerweg 6, Bern, Sommer 1939
Fotograf: Felix Klee
Zentrum Paul Klee, Bern, Schenkung Familie Klee
Copyright: Klee-Nachlassverwaltung, Bern

Weitere Bände aus der Reihe »Lebensgeschichten«:

Frida Kahlo

Die Lebensgeschichte
Dagmar Feghelm
ISBN 978-3-7913-7023-1

Leonardo da Vinci

Die Lebensgeschichte
Silke Vry
ISBN 978-3-7913-7022-4

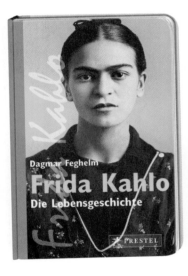

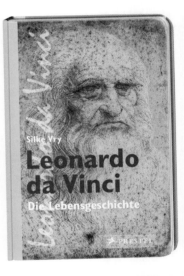

»Wir modernen Frauen
können von Frida lernen,
sie hat immer gemacht,
was sie wollte.«
Salma Hayek über Frida Kahlo

»Heutzutage kann kein
Künstler mehr mit
diesem Genie verglichen
werden.«
Andy Warhol über Leonardo da Vinci

Gustav Klimt

Die Lebensgeschichte
Bettina Schümann
ISBN 978-3-7913-7033-0

Pablo Picasso

Die Lebensgeschichte
Dagmar Feghelm
ISBN 978-3-7913-7035-4

»Ich interessiere mich nicht für die eigene Person – eher für andere Menschen, weibliche…«
Gustav Klimt

»Die Malerei ist stärker als ich; Sie zwingt mich zu machen, was sie will…«
Pablo Picasso

© Prestel Verlag, München • London • New York, 2011

Die Deutsche Nationalbibliothek verzeichnet diese Publikation in der Deutschen
Nationalbibliografie; detaillierte bibliografische Daten sind im Internet über
http://dnb.d-nb.de abrufbar.

Prestel Verlag, München
in der Verlagsgruppe Random House GmbH
www.prestel.de

Lektorat: Larissa Spicker
Bildredaktion: Andrea Jaroni
Umschlaggestaltung und Typografie: Magdalene Krumbeck
Herstellung: Nele Krüger
Art Direction: Cilly Klotz
Lithografie: Reproline Mediateam, München
Druck und Bindung: Tlačiarne BB, spol. SRO

Gedruckt auf chlorfrei gebleichtem Papier.

ISBN 978-3-7913-7049-1